マルセル・ブロイヤーの住宅

マルセル・ブロイヤーの住宅

M.ブロイヤーとH.ベッカードのアメリカン・モダンリビング

デビッド・マセロ著　瀧浦浩 訳

鹿島出版会

Architecture Without Rules
by David Masello

Copyright ©1993 David Masello
All rights reserved
Including the right of reproduction
in whole or in part in any form.
Published 2001 in Japan
by Kajima Institute Publishing Co. Ltd.
Japanese translation rights arranged
With W. W. Norton & Company
Through Japan UNI Agency. Tokyo

目次

マルセル・ブロイヤーの想い出　芦原義信　IX

はじめに　1

ブロイヤー/ローベック邸　18

ブロイヤー/ブラッティ邸　26

スターキー邸　34

第1ガーガリン邸　40

スターリン邸　46

ラーフ邸　52

フーバー邸　58

マクマーレン邸　64

ワイズ邸　70

ベッカード邸　76

第2スティルマン邸　84

ケルファー邸　90

リード邸　98

第2ゲラー邸　104

ローゼンバーグ邸　112

コーエン邸　118

第2ガガーリン邸（ビッグ・サー）　122

ボーンホルスト邸（12台の自転車）　126

シュワルツ邸（緑の農場）　130

ヴァシロウ邸（ミサゴの巣）　136

マルセル・ブロイヤーとの仕事を回想して　ハーバート・ベッカード　143

郷愁のあとがき　スタンリー・アバークロンビー　146

著者あとがき　149

考えるモダニストたち　瀧浦浩　150

Architecture Without Rules

建築に，決められたものなど何もないのだ。

子供たちが街の中を歩んでゆく。そうするうちに，自分が一生をかけて何をするか，その街から教えられることもあるだろう。

——ルイス・カーン

1971年頃、訪日時のマルセル・ブロイヤー（右）およびハーバート・ベッカード

撮影：芦原義信

マルセル・ブロイヤーの想い出

芦原義信

戦後，ガリオワ・フルブライトの留学生としてハーバード大学の大学院に留学し，無事卒業したところ，1年間はアメリカに滞在し実習をしてもよいとのことであった。そこで，ケンブリッジからニューヨークに出て，マルセル・ブロイヤーの事務所を訪ねてみた。そして，学生時代からブロイヤーのスプリット・レベルの空間構成などに興味をもったことを話したら，1年間働いてもよいということになった。そこで，ケンブリッジから引っ越してニューヨークで生活をはじめた。なんといっても大都会で，朝，ベッドを出て靴をはくと，1日中靴をはいたままの生活であった。

事務所ではチーフの人たちがブロイヤーと共にスケッチを作り，われわれドラフトマンに渡す。それをあれこれ修整してもらいながら，図面を手描きで完成させるのである。私の隣にはベテランで年配の女性ドラフトマンが座っており，いつもこわい顔をして睨んでいた。事務所が夕方に終わると，五番街を歩いてアパートに帰り，飯盒でごはんを炊いたりして，ひとりで夕食をとったのを懐かしく想い出す。ニューヨークでの生活は，泥の地面を踏むことがなく，常に靴をはいたまま，コンクリートの床の上やアスファルトの道路を歩くのである。そして，ベッドに入って寝る時はじめて靴を脱ぐのである。

日本に帰ってからブロイヤーのことを懐かしく想い出し，日本を訪ねてみないかと手紙を書いたら，喜んで訪日するとのことであった。

その後しばらくして，パリに行く途中，ブロイヤーは日本に立ち寄ることになった。その折，一緒に京都に旅行して，お茶室や寺院を見学したブロイヤーは，靴を脱いで座敷に上がるとき，欄間にぶつかりそうになったり，また床に転がりそうになったことを懐かしく想い出す。

その後，数年してブロイヤーはあの世に旅立ってしまった。彼の人柄は本当になごやかで，声も静かであった。事務所では，1日にいっぺん，われわれのドラフティング・ルームをぐるぐる廻る。そして，あれこれ指示して帰るのである。当時，彼自身はペンを動かしてスケッチをするとか，図面を描くということはなかった。事務所以外でどんな生活をしていたのか，ちょっと想像がつかない。何しろ当時の巨匠で，とても静かであったが威厳があったので，設計以外の日常の雑談など，とてもできない雰囲気であった。私の脇に座っていたスタッフの連中は誰もなかなかのベテランで，図面がとてもうまい。そしてブロイヤーの空間構成やデザインの意図をよく理解していたという印象があった。

早いもので，以来，半世紀ちかくが過ぎ去って，今日を迎えたのである。このたび，『マルセル・ブロイヤーの住宅』が出版されるという。このコンピューター時代に，久しぶりに手描きの文化が再び想い出されるのではないかと，うれしく思う次第である。

あしはら・よしのぶ／建築家

はじめに

まだティーンエージャーだった頃，荒涼とした湿地帯の絵を描いた時のことを想い出して，ハーバート・ベッカードはこう語る。「黒のなかにも彩りが見えた。それをそのままキャンバスの上に表現したのだ」。一方，マルセル・ブロイヤー（1902-1981）は「白という色は用途が広く，美しい色だ。また，最も明るい色でもあり，その代りになるような色は考えられない」と，1931年のデルフト工科大学における講義で述べている。ブロイヤーとベッカードが，建築家として歴史に残る共同作業を始めたのは1952年以降のことであったが，早い時期から2人の間には共通点があったようだ。

ブロイヤーとベッカードの設計手法の根底には，建築を蒸留していく，という発想があった。特に28年間にわたって共同で設計した約30軒の住宅に，その姿勢がよく現われている。たとえ，この世の中に白と黒しかなかったとしても，ブロイヤーとベッカードは，人の心に響くさまざまな彩りを，数限りなく創り出すことができた。彼らは，材料，色そして形態といった建築のパレットを，抑制をきかせながらも巧みに構成していたのだ。

さて，2人の設計した住宅には，フィールド・ストーンの壁，連続的なガラス面，ときに浮遊し，ときに地面に根を下ろす形態，そして開放型平面計画など，多くの類似点が目にとまる。一方，その設計は各クライアントの要求を満たすべく，工夫に富んだもので，2人の建築家の能力の高さを反映している。ブロイヤーは警告の意味を込めて，このように語ったことがある。「建築の目的は，まずは役に立つかどうかということだ。それには視覚的な効果も含めてよいだろう。住宅とは，建築家あるいはクライアントどちらかの一方的な自画像であってはならない。両者の個性がうまく溶け合っていなくてはならないのだ」。また後年になって「建築とは，構造，機能，そして抽象的な形態のバランスの上に成り立つものだ。そのうちのひとつでも犠牲になってしまったら，どこか粗雑な印象を与え，見る人には配慮が行き届いていないように映ってしまう。それは無理して虚勢をはった結果だと言ってもよいだろう」と付け加えている。

マルセル・ブロイヤーといえば，重要な大型建築を数多く設計したことで知られている。思いつくだけでも，ホイットニー美術館，ユネスコ本部，セント・ジョーンズ・アビー教会，IBM研究所，住宅都市開発局本部などが挙げられるが，小さなスケールでの革新的なデザイナーとしても良く知られている。確かに，彼の家具デザインには，小スケールでの彼の天才ぶりが如実に現れている。たとえば，世界中どこに行っても見かける"ブロイヤー"チェア，ブロイヤーの娘の名前に由来する"チェスカ"チェア，そして，彼のバウハウスでの同僚であった画家ワシリー・カンディンスキーの名前にちなむ"ワシリー"チェア。これらの名作はいまさらここで取り上げるまでもないだろう。しかし，ブロイヤーが設計した住宅は，それらの家具以上に豊かな表情をもっている。クライアント側の複雑なチームを相手とする大型プロジェクトの場合と異なり，特に住宅の場合，設計者はすべての仕上げやディテールに細心の注意を払う必要がある。1966年の段階でブロイヤーは，

ホイットニー美術館（アメリカ，ニューヨーク市，1966年）
設計：マルセル・ブロイヤー＋ハミルトン・スミス
photo: Ezra Stoller ©Esto

すでに建築界で最も成功した実務家のひとりに数えられて久しかった。また，ベッカードとともに数々の受賞を重ねてもいた。当時のアーキテクチュラル・レコード誌によるインタビューのなかで，ブロイヤーは次のように述べている。「ブロイヤー事務所は，いまでも毎年数軒の個人住宅を設計することに時間を割いている。そのような仕事は，ある意味で事務所内の研究室となっているのだ。クライアントのためのアイデアやディテールを，比較的小スケールで考え抜く。これは大型プロジェクトにおいては難しいことなのだ」。ブロイヤーとベッカードが設計したほとんどの住宅は，米国建築家協会やアーキテクチュラル・レコード誌等の専門誌から賞を受けている。特に，アーキテクチュラル・レコード誌は，彼らの住宅作品の大半を，業界でも名誉ある"レコードハウス"に指定したのだ。

ブロイヤーが初めて設計した住宅は，1932年，ドイツのバイスバーデンに建てられたハーニスマッハー邸であった。当時，彼は30歳であった。そこにはすでに，実験的な志向，そして，彼が家具やインテリアの設計を通じて学んだすべてを，建築そのものに応用しようという姿勢が見える。ブロイヤーは，正式な建築教育を受けたことは無かった。また，受けようともしなかった。すべてのプロジェクトに対する彼の解決策は本能的なもので，これはフランク・ロイド・ライトやトーマス・ジェファーソンとは異なっていた。

19世紀後半の典型的な住宅は，塔屋をもち，いくつもの煙突が突き出し，また，そびえ立つような奇怪な屋根，眉形の窓，そして複雑な彫刻をほどこした装飾といった形態をともなっていた。そういったいかめしい住宅に囲まれた郊外地にあって，ブロイヤーの水平性を強調した控えめな住宅は，新鮮な驚きを与えていた。まわりの住宅は，正面ファサードにも裏面にもぜいたくなディテールが施され，また，敷地と建物の間には特に関係性がなかった。一方それらの住宅とは対比的に，ブロイヤーの住宅はプライベートな空間を確保するため，道側には窓をほとんどもたず，南面する庭は，金属製の縁取りと大型の開口部をもつ壁に囲まれ，太陽光と魅力的な敷地条件を十分に活用するものであった。近隣の住宅はどれをとっても石造であったが，ハーニスマッハー邸は鉄筋コンクリート造で，オフホワイト色のスタッコ仕上げを施されていた。ごく簡単な手すりをもつ鉄筋コンクリートの階段が，2つのテラスから起伏に富んだ敷地に達している。フィールド・ストーンの壁は特徴ある構成を見せているが，これは現場で組み上げられたものである。内装仕上げの大部分は白色で，一方，家具は大部分が黒色で占められている。結果として，対比のなかにすばらしい調和がもたらされた。この対比と調和の関係は，た

マサチューセッツ大学キャンパスセンター（アメリカ、マサチューセッツ州アマースト、1969年）
設計：マルセル・ブロイヤー＋ハーバート・ベッカード

聖フランシス・デサール教会（アメリカ、ミシガン州マスケゴン、1964年）
設計：マルセル・ブロイヤー＋ハーバート・ベッカード

とえば、モノトーンの壁や家具に対するカラフルな敷物と備品、素材の質感を生かした壁と磨き上げられた壁、フィールド・ストーンをはじめとする自然素材に対する鉄筋コンクリートなどの人工の材料、そして、内部空間が外部空間にまで連続するという考え方によく現われている。

　ベッカードもブロイヤーと同様、小規模建築の設計において革新的で卓越した技量を発揮した。ベッカードは、ブロイヤー事務所の所員のなかでも抜き出た存在で、ブロイヤーとともにさまざまな経験を重ねる機会に恵まれていた。やがてはアソシエート、そして最終的にはブロイヤーのパートナーとなり、現在、自らの設計事務所である、ベッカード・リッチラン設計事務所をマンハッタンに構えて実務を続けている。長年にわたって、教会、学校、工場建築から、大学キャンパス、大型事務所建築に至るまで、数多くの建築を設計してきたなかでも、住宅作品が、ベッカードの建築に関する考え方や関心のありかを最もはっきりと示している。

　当時のブロイヤー事務所ではブロイヤーとベッカードの仕事は年を追うごとに増えていった。大型建築設計の依頼も多かったが、彼らは常に住宅設計の仕事を確保するように心がけていた。先述のベッカードが率いる設計事務所は、マルセル・ブロイヤーによって創設された設計事務所の直系にあたるもので、仕事の大半が大規模な会社、公共機関や教育機関、そして米国や他国の政府から依頼されるものである。そのなかで、ベッカードはいまでもブロイヤーと仕事をしていた頃と同じように、住宅のプロジェクトが絶えないように気を配っている。住宅設計に対する報酬は、どう考えても大規模商業プロジェクトから得られるものとは比較にならず、しかも作業量は同等かそれ以上であるのが常である。しかし、金銭的に見合う

かどうかはともかく、住宅設計の密度の高さ、表現の自由さは他に代わるものがないのだ。

　ベッカードもブロイヤーも、クライアントの親身になって設計を進めていった。時が経つにつれほとんどのクライアントとの関係は、友情といっても差し支えないものに育っていった。住宅のプログラムについて話し合う段階で、クライアントは自分の生活を微に入り細にわたり建築家に明か

都市住宅開発局本部ビル東側立面の一部（アメリカ，ワシントンD.C.，1968年）
設計：マルセル・ブロイヤー＋ハーバート・ベッカード，ノーレンスウィンバーン建築事務所
photo: Ben Schnall

すことになる。一方，建築家も，十分に平面計画を練るために，個人的なことを細かく尋ねる必要がある。子供は何人欲しいか？　食事は家族一緒か別々か？　何らかのハンディキャップに配慮を要するか？　訪問客は多いか？　芸術作品のコレクションを展示したいか？　こういった事柄をひとつひとつ検討していくと，住宅の設計についてあらかじめ決まっていることなど何もないことがわかる。言いかえれば，ブロイヤーやベッカードのように，建築設計に真摯に取り組む建築家にとっては，創造のためのチャンスが無限に広がっていると言えるのである。また，彼らのクライアントには本格的な芸術コレクターが多く，この2人の建築家に設計依頼した住宅を，自らの美的関心の究極的な表現として捉えていたのだ。

住宅は住人の生活に少なからず影響を与えるものだ。その影響を考慮すると，クライアントはプロジェクトの進捗に積極的に関わり，反対意見を述べるばかりではなく，協力を惜しまない人が好ましい。このことをブロイヤーとベッカードは長い間に学んだ。クライアントが建築設計の過程に前向きな姿勢をとっていれば，設計者にはさらによい解決策が思い浮かぶものなのだ。

さて，建築全体の大きな流れを振り返ると，いわゆるモダン建築のなかでも実現されたものは肯定的な評価を受けているようだ。モダニズムは，しっかりした論理をもちながら，実際の設計では柔軟さを示し，さまざまな様式運動が盛衰するなかで時の流れを超えて生き残った。ポストモダニズムに挑戦を受けたこともあった。また，デコンストラクティビズムがごく最近，新たに挑戦を試みた。

そういった挑戦者は，モダン建築の長所といえる事柄を批判してきた。モダン建築の特徴をいくつか挙げるとすれば，経済的に建てることができる，高価な装飾ディテールをもたない，最先端の建設技術をたえず取り込んでいる，そして，比較的迅速に建設可能である，というようなことが考えられる。結果的には，そのような方法論は勝手に解釈され，誤用されてしまった。劣悪なモダン風建築が大挙して出現し，1950年代後半から1970年代の間にすべての都市のスカイラインを決定づけてしまったのだ。また，都市におけるモダン建築は，街路，歩行者，ランドスケープに無関心だ，という点が最悪な例としてよく引き合いに出される。しかし，そのような批判や論議があったからこそ，多くのポストモダン建築は過去を注意深く参照し，遊び心のある幾何学，装飾，表面上のディテールに配慮することをもって，多くの人びとに歓迎されたのだ。それでもなお，批判的あるいは反動的なデザインをも含めて，モダン建築はあきらかに都市の基本的な流れや景観を変えたといえるだろう。

そのような周囲の騒音に流されることなく，また，それが住宅か商業建築かに関わらず，ブロイヤーとベッカードの視点は首尾一貫し，純粋であった。彼らが，すべてのデザインを制御する原理として追求したものは，形態，空間，そして機能であった。

米国の郊外住宅地は，元来，チューダー，ゴシック，コロニアルといった時代様式によって占められてきた。第二次世界大戦直後，郊外型住宅地が爆発的に成長したが，そこでもアメリカの伝統的様式が勢力を保ち，また，買手もそのような住宅を好んでいた。結局，ごく一部の人びとしかモダン建築のなんたるかをわかっていなかったのだ。そして，ブロイヤーやベッカードによるやや趣きの異なる住宅が，そのような歴史主義的で平和な街路に出現するや否や，多くの住人は「けし

からん」とさえ言っていたのだ。シャッター，ポーチ，曲がりくねった舗道，方立，傾斜のついた屋根，小さくあけられた窓，シングル葺き，煉瓦造り，そういった郊外型住宅につきもののデザイン要素はいったいどこにいったのか？　ブロイヤーとベッカードの住宅もこのようなモダン建築批判に晒されたが，レバーハウス，シーグラム・ビルディング，前ペプシコ本社といった多くの大型モダン超高層建築ともども，各時代のはやりすたりとは関係なく今に残っている。それらの住宅は，独自の視点に立ち，妥協することなく，全体の統合を目標に設計されていたのだ。その設計に対する明確な姿勢が，時代を超えることにつながったに違いない。

モダン建築の設計者は，純粋かつ厳格な設計条件に従わざるを得ないために，過ぎ去った時代の設計原理，たとえば様式，装飾，伝統的なディテール，遊び心のあるファサードの解釈といったものを無視するといわれることがある。確かに彼らは過去そのものや古い技術を受身にそのまま模倣することはない。しかし，皮肉なことには，そういったモダニストこそがおそらく最も古い建築を尊重し，そこに受け継がれた重要な教えに注意を払っているのだ。ブロイヤーとベッカードにとって意味のある古建築とは，その時々の技術，クライアントの立場，建築に要求される機能，そして社会的なニーズ，それらを総合してその時代が生み出した実体なのだ。つまり古い建築をそのまま真似たり，どこかに引用したり，あるいはその容貌を再現するという考え方は，ベッカードには意味をなさないのだ。なぜ，いまさらオリジナルを超えることさえできない類似品を作成する必要があるのか？　いまから何十年も前にモダニストは，新しい視点が必要だと，すでに確信していたのだ。過去を真似ることはできても時間を遡ることはできない。そういった擬似的なものにすぎな

ニューヨーク近代美術館展示住宅
（アメリカ，ニューヨーク市，1949年）
設計：マルセル・ブロイヤー
photo: Ezra Stoller ©ESTO

「チェスカ」チェア（1928年）
photo: collection, The Museum of Modern Art, New York

「ワシリー」チェア（1927-28年）
photo: collection, The Museum of Modern Art, New York

い住宅や超高層ビルを，いまさら建てる必要があるのか？　過去の断片をそこかしこに含んでいるとは言っても，そこから未来に向かって新たな展開が期待できるとは到底考えられないのだ。

　過去の建築を研究するにあたって，ベッカードは表層的な装飾やディテールに注目するのではなく，独自の視点から考察を重ねた。空間はいかに定義され，機能しているか？　どのように光を採り入れているのか？　どのような形態をとっているのか？　材料の扱い方はどうか？　三次元的に見た空間構成はどうなっているのか？　その建築は今日にいかなる教訓をもたらすのか？

　現在主流となっている建築設計の傾向にあえて苦言を呈するとすれば，それは技術に対してあえて無関心を装っていることだ，とベッカードは言う。今日の一般消費者は，大型高解像度放送を見て，最先端技術をフル装備した自動車に乗り，デジタル録音された音楽を聴き，そして，わずか数時間で北アメリカ大陸を横切ってしまうのだ。その一方で，一部の建築家は，そのような実状の否定を試みるかのような建築をつくっている。よい例が窓である。モダン建築の設計者は，大規模な連続ガラス面が可能となったことに諸手を上げて喜んだ。それまでのように，ガラス面を作るために小さなガラス板と方立を組み合わせる必要がなくなった。窓は大きく，十分に開くことができて，外部と内部空間の間に相互作用をもたらすようになったのだ。もちろん，現時点ではそれとてすでに何十年も前の話である。

　ブロイヤーとベッカードが設計するモダン住宅は，大きく開放された内部空間を構成している。それは，過去と比較して，構造的に効率よくスパンを飛ばすことが可能になったという事実を背景にして，その結果，こうして少ないマスをもった，広がりのある空間を手に入れることができたのである。これこそまさにブロイヤーの狙うところであった。過去の住宅では，多くの補助壁が必要であった。そのためにおのおのの部屋は小さくなることを余儀なくされた。モダン住宅においては，すべての壁を取り払うことができる。それまでには思いもよらなかった方法で空間を開放する一方で，プライバシーの問題と各部屋の機能をどうするか，ブロイヤーの住宅では十分に考えられているのだ。1963年，ブロイヤーはミシガン大学でのリード＆バートン・デザイン講演において次のように述べている。「過去の偉大な建築物，たとえば，エジプトのピラミッド，パルテノン神殿，エッフェル塔，ブルックリン橋，ゴシック式のアーチ，ルネサンス式のドーム，マヤ文明の寺院建築といったものは，その時代の技術を最大限に活かしていたのだ。材料をうまく活かすことができると，それ自体が建築表現となり得るものだ」。また，ベッカードは「われわれの設計した建築を"モダン建築"ではなく"論理的建築"と呼んでもよいだろう。そのほうがわれわれの発想を端的に表現しているのだ」と言っている。

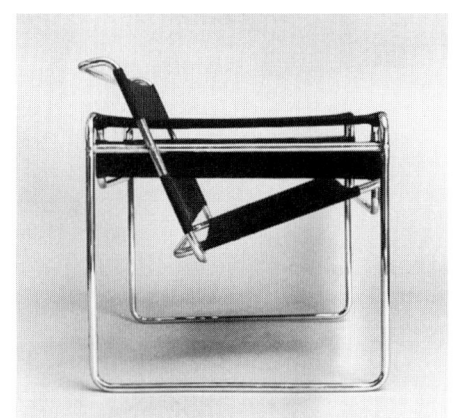

ゲーン・パビリオン（イギリス、ブリストル、1936年）
設計：マルセル・ブロイヤー
photo: collection, The Museum of Modern Art, New York

ブロイヤーとベッカードの住宅はきわめて個人的なものだが，平面計画を大きく2つの基本的なタイプに分けることができる。ひとつはリビング・エリアが一端にあり，台所と他のサービス・ユーティリティが中央部，そして寝室が反対側の端にある"線形"タイプの住宅（"long" houses）。そしてもうひとつは"双核"住宅（"bi-nuclear" houses）である。この用語はブロイヤーの造語だが，実際に使われることは稀であった。この"双核"タイプの住宅では，休息，睡眠のためのエリアと，さまざまな活動のためのエリアがはっきりと分離されている。極端な場合，子供のための寝室棟が，大人の寝室部分から完全に分離されている。また，開放された平面計画をもっているにもかかわらず，活動ゾーンが明確に定義されているので，それぞれのアクティビティが曖昧になってしまうことはほとんどない。子供用の共用部屋あるいはファミリー・ルームを計画した場合，寝室群の中心部分に配置されることが多いが，他の生活圏とははっきりと区別されている。また，リビング・エリアとダイニング・エリアは併合されることが多い。こうして，各部屋の用途が直感的に把握できるようになっている。また，すべてのデザイン要素には柔軟な機能性をもたせている。彼らの設計では，住宅としての使い勝手のよさが最

重要視されているのだ。たとえば，クライアントが新しい灰皿を買いたいと言ったとする。建築家によっては，当然自分に相談してくるべきだ，と考える人もいるだろう。美的な純粋さを汚していないか確かめるのだ，というのがその理由だ。しかしブロイヤーとベッカードは，完成後はその住宅からあえて距離を置いた。そして住み手の好きなように住まわせたのだ。「私が設計した空間に住人の手で花や本が置かれるというのは，素晴らしいことだと思う。それこそ，建物が実際の生活を包んでいることの証しとなるからだ。また，芸術作品が加えられるのも大歓迎だ」とブロイヤーは言っている。

ブロイヤーは，このような平面計画理論を具体化した住宅を，その時点ですでに何十年にもわたって設計してきていたが，一般大衆がそのアイデアを実際に目の当たりにしたのは1949年以降のことであった。その年，大衆は，そのような空間を実際に体験する機会を与えられた。ブロイヤーは，ニューヨーク近代美術館の依頼を受けて，その彫刻庭園に一家族用の住宅を設計し，その住宅が一般に公開されたのだ。この一戸建て郊外型住宅は，美術館庭園のほぼ全体を占め，マンハッタンの中心部に聳え立つロックフェラーセンターの高層棟や19世紀に建てられたタウンハウスの街並みを背景としていた。この展示は，郊外に住む当時の典型的な家族のための実用的な解答として提案されたものであった。ここで想定された家族は，一家の大黒柱である男性が毎朝都心まで通勤し，夜には，妻と2人の子供が待つこの住宅に帰ってくるというものであった。この長方形の住宅は，中心部にプレイルームが配され，子供用寝室と来客用のやや大きな寝室が一端に配されていた。また，上方に向かって傾斜するバタフライ型の屋根の広がりに従って住宅の他端は2層とな

り，1階は車庫，2階は主寝室と浴室が置かれていた。こうして，この住宅には独立したウイングが形成されていたのだ。家族内でもその時々の状況の変化に即して，たとえばプライバシーの必要性，あるいは子供が両親と同居しているかどうかによって，この住宅は"双核"型，あるいは"線形"型いずれにも展開することができた。子供は，寝室とプレイルーム部分を占有して，いってみれば自分たちだけのためのアパートをもつことができる。一方，大人は，専用のウイングをもっている。また，場合によっては家族全体で集まることも可能である。この提案住宅は建設費が安く，状況に柔軟に適応し，実用的で，ユニークな生活空間を提供し，そして優雅な形態さえももっていたのだ。人びとの間でこの住宅は"美術館庭園の住宅"として知られるようになった。こうして，当時のアメリカで急速に需要が高まりつつあり，やがて大規模な市場が発生することになる郊外型住宅に，ひとつの模範回答を提示していたのだ。

ブロイヤーとベッカードの住宅は，モダン住宅の理想を例示するばかりでなく，"住宅"に新たな定義を与えるものであった。彼らの住宅の入口側ファサードは，目立たないものであることが多い。それはおもにプライバシーを考慮してのことだったが，発見や冒険の面白さを増幅する効果もあった。入口自体は，ローベック邸やコーエン邸のように，すぐには目につかないように配置されている。ここで訪問者と住人が空間を探り合うように仕掛けられているのだ。第2スティルマン邸を例にとれば，フィールド・ストーンの壁で囲まれた入口の階段部分に至った時点で，訪問者はこの住宅に使われている材料の独特な素材感や色合いに気づくことになる。ブロイヤー／ブラッティ邸，シュワルツ邸をはじめとするいくつかの住宅では，ガレージとそこに至るドライブ・ウェイから住宅入口までに十分な距離が置かれ，自動車のスピード感から一息おくように考えられている。住宅や車庫に直接乗りつけ，そのまますぐに建物に入るのではなく，少し離れたところからその住宅にアプローチする。その結果，住宅そのもの，つまり今まさに自分が入ろうとしている形態について，意識する時間がもたらされる。と言うよりも，意識せざるを得なくなるのだ。ドライブ・ウェイ自体は，到着までの時間を美しく引き延ばすように，かなり恣意的で豊かな曲線を描いている。

さらに注目に値することは，透明さとソリッドさの間に生じる遊びである。ブロイヤーとベッカードによる住宅の立面は，そのひとつひとつを見ると，ガラスのみであるか，逆にソリッドな素材のみで構成されている。また，隅部では，隣り合う両面が同一素材で構成されていることはめったにない。多くの場合，このソリッドな面はフィールド・ストーンで組まれた壁で，ランドスケープに向かって住宅の端部を越えて伸びていくのだ。これらのフィン状の壁は，住宅全体の枠組みを拡

フランク邸（アメリカ，ペンシルバニア州ピッツバーグ，1939年）
設計：マルセル・ブロイヤー＋ワルター・グロピウス
photo: Ezra Stoller ©ESTO

マルセル・ブロイヤー邸（アメリカ，マサチューセッツ州リンカーン，1939年）
設計：マルセル・ブロイヤー
photo: Ezra Stoller ©ESTO

大し，空間を広げる効果をもたらしている。

屋内にまで引き入れられた屋外空間は，ブロイヤーとベッカードの住宅に特有なものである。ここではガラス面は，空間の境界面を伸縮させる効果を生み出している。また，高さの低いフィールド・ストーンの壁によって形どられたコートヤードとテラス，入口の大きめのひさし，開放された屋根面といった要素が効を奏して，空間に広がりがもたらされている。外装仕上げ材がそのまま内装にも用いられることも多く，その結果ますます屋内外の境界がどこにあるのか，曖昧になるのだ。マサチューセッツ州リンカーンのブロイヤー自邸やニューヨーク州グレン・コーブのベッカード自邸のように，場合によっては大型の暖炉がフィールド・ストーンの壁に挿入され，間仕切りとなることもある。ブロイヤーのチェンバーレイン別邸，ベッカードのローゼンバーグ邸では，暖炉は独立した彫刻的オブジェクトになっている。その他の暖炉の例としては，白く塗られた煉瓦造りのシンプルな箱状のものや，コンクリートのかたまり状のものにびしゃん仕上げを施したものが挙げられる。また，第2スティルマン邸のように，コートヤードを縁取るフィールド・ストーンの壁が，窓ぎわの腰掛けや展示棚となって屋内に再び現れることがある。

ブロイヤーとベッカードの住宅では，無駄なディテールは極力避けられている。その一方で最新技術を実用上の理由から積極的に導入した結果，それが装飾的な要素として現われることがある。スターキー邸の太陽光制御装置は実用的であるのは無論だが，見た目にも魅力的で，機構の面白さをよく示している。この装置なしにはこの住宅の強烈な印象は生み出されなかったであろう。

前述の太陽光装置はこの2人の建築家による設計上の特徴の一例にすぎない。スターキー邸を例にとれば，屋根を懸架している梁は層板仕上げとなっているが，これは保護のためばかりではなく，人目を惹きつける効果をもっている。また，海辺に建つマクマーレン邸では，カンチレバー部分を支える木製の柱から，細い鉄製ピンが突き出している。ワイズ邸では，大型の木製構造トラスがポーチ内にまで入り込み，重要な室内ディテールとなっている。「これらが表現したものは，もはや芸術といってもよいだろう」と，リード＆バートン・デザイン講演のなかでブロイヤーは述べている。

彼らの設計した住宅の多くは，柱，トラス，あるいは支持壁を介して，敷地の上に"浮遊して"いる。この反重力を表現するような発想は，「私の，原点に戻ろうとする本能だ」とブロイヤー自身が言っていたものだが，その発想で可能になったことがいくつかある。たとえば，ランドスケープに全く手を加えずに，屋外リビング・スペースを確保することができた。また，非常に広い視界を得ながら，住人のプライバシーが保つことができた。そして，その住宅の最も基本的な構造がはっきりと見えるようになったのだ。ワイズ邸ではこの発想が極限に達している。ここではランドスケープは，文字どおりに住宅の下を流れて，反対

チェンバーレイン山荘（アメリカ，マサチューセッツ州ウェイランド，1940年）
設計：マルセル・ブロイヤー＋ワルター・グロピウス
photo: Ezra Stoller ©ESTO

側に抜けていく。地形の起伏と変化が，この住宅のファサードには不可欠なものとなっている。これらの住宅を持ち上げるためには，重量の問題からイトスギ材あるいはヒマラヤスギ材を用いることが多くなる。一方で，石造の住宅は，地面にしっかりと接していて，彫刻的である。フーパー邸は，石造住宅のなかでも最も衝撃的なものとして知られている。この住宅では一続きの石の壁が横たわっていて，そのなかほどにガラス戸の入口がやや幅広く切り取られている。一方，ブロイヤーがコネチカット州ニューカナンで，1軒目の自邸を建ててからそれほどの期間を置かずに2軒目の自邸を建てた理由は，ひとつには，この第2の敷地が1軒目の敷地よりも平坦で，石素材による住宅に適していたからであろう。ブロイヤーは石という素材を試し，さらに追求したいと考えていたに違いない。

ブロイヤーとベッカードによる住宅の敷地に傾斜地が多いのは，偶然の一致ではない。そもそも，伝統的な様式の住宅を起伏の多い地形に建てることは容易なことではない。コロニアル，チューダーといった様式には，設計の仕方にある決まりがある。まず，敷地は平坦なものに限られる。さもなければ，すべての立面を見せることができないからだ。それに比べてモダン住宅は特に形態に制限がないので，建設不可能な敷地は無いといっても過言ではない。ベッカードが設計したコーエン邸は，ニュージャージー州の南オレンジ郡にあり，築後何十年も経った伝統的様式の住宅群に囲まれている。このあたりは，非常に人気の高い地区として知られている。しかしその敷地は，土地の区画が狭く，日陰の急斜面にあたるので，何かを建設すること自体不可能だと考えられていたのだ。

丘の傾斜のため，住宅のある部分は接地し，またある部分は重力に抗して地面から離れることになる。ミネソタ州ダルースのスターキー邸，コネチカット州ダンベリーのリード邸は，いずれも地面にしっかりと根をおろした石造の車庫をもっている。一方，住居部分はカンチレバーで敷地の上に大きく張り出している。こうして地面の起伏とは関係無く，敷地をさらに有効に使用することを可能にしている。コネチカット州リッチフィールドのガガーリン邸は，一見するとつつましい平屋住宅のように思われるかもしれない。しかし，ひとたび屋内に入ると，その住宅が丘の斜面に隠されているということ，しかもひとつ下のレベルにさらに空間が広がっていることに気づかされるのだ。

モダン住宅は住むための機械であり，直線的な表現，人造の材料，もともとの素材感を消した自然素材，美しい構図を形作るために厳密さ，そういった側面をもつものだ，というような安易な特徴づけは，ブロイヤーとベッカードの住宅にはあてはまらない。モダン建築は往々にして，自然あるいは人工の周辺環境に無関心だといわれるが，ブロイヤーとベッカードの住宅は置かれた状況に適宜対応している。一例として，その土地に固有な，地元産の材料をできる限り使用するように心

がけていたことがあげられる。メリーランド州ボルチモアのフーパー邸では、メリーランド産フィールド・ストーンを使っている。また、スイスのケルファー邸では、地元で切り出された石およびスタッコを使ったが、このスタッコはスイスでは常用される建築資材である。さらにバーモント州キーチェのボーンホースト邸では、地元産出のバーモント石のパネルを使っている。このようにして、ブロイヤーとベッカードによる住宅は、結果的に各地の伝統をうまく内包しているのだ。そのほかの例として、樹木、古い石壁、地形の特性といった自然な、あるいは既存の要素も、そのまま設計のなかに取り込まれることが多いのだ。

このような各地の伝統と形態に対する敬意は、人間の実体を重んじ、モダニストによるマシンに必ずしも共感しない姿勢につながっている。ここで、彼らが設計した住宅に顕著なのは、十分に考え抜かれた非対称性である。入口は、必ずしも正面側立面の中心に位置するわけではなく、また窓は決して完全な正方形ではない。フィン状の壁は住宅全体の枠組みを外れていて、屋根やコートヤードの壁に設けられた切りこみは、それぞれの中心を外れている。また、庭の壁、擁壁、車路は、自由で流れるような形態で、直線性を強調しがちな住宅本体を柔らかく包み込んでいる。これらの住宅は機械ではなく、人間のために設計されたもので、その設計や構成は型にはめられることなく、それぞれ慎重に検討を重ねられたものである。そのため各住宅の設計は異なり、各住宅の立面は千差万別なものとなるのだ。

マルセル・ラジオス・ブロイヤーは、1902年ハンガリーのペックスに生まれた。18歳でウィーンのアート・アカデミーに入学し、短期間在籍したものの馴染めないままに、ワルター・グロピウスがワイマールに開校したばかりのバウハウスに再入学することになった。ブロイヤーがアート・アカデミーを去った理由は、そのプログラムが理論偏重で、ブロイヤーが求めていた、より実用的な課程とはほど遠いためであった。一方、バウハウスの大工職課程、そして木工作業場は、実地体験のためには理想的であった。ブロイヤーは、バウハウスで過ごした4年間に、いくつかの注目に値する家具をデザインしている。たとえば、1922年のバウハウス展に出品された、実験住宅のための家具シリーズが良い例である。ブロイヤーは1924年にバウハウスを卒業したが、その後政治的圧力によってバウハウスは閉校を余儀なくされた。当時、ブロイヤーはパリに移り住んで働いていた。

グロピウスは、1925年にドイツのデッサウで学校を再開させ、ブロイヤーは木工場のマイスターとしてこの新生バウハウスに呼び戻された。産

ゲラー邸（アメリカ、ニューヨーク州ロングアイランド、ローレンス、1945年）
設計：マルセル・ブロイヤー
photo: Ezra Stoller ©ESTO

業界やメーカーとのつながりを促進することを念頭に，グロピウスは次のことを強調していた。バウハウスは凝った技巧ばかりを追求していないこと。容易に大量生産可能なデザインを目指していること。そして，それは大衆に受け入れられるものであること。開校後わずか数ヶ月も経たないうちに，今やブロイヤーの伝説として広く知れ渡っている家具デザインが行われる。ブロイヤーは新しく買ったアドラー自転車のハンドルに発想を得て，最初のパイプ・スチール椅子をデザインしたのだ。やがて，その椅子と"ブロイヤー"の名前はほとんど同義語となった。このB3型クラブ・チェアは，画家のワシリー・カンディンスキーが，バウハウス敷地内の教員宿舎で使用したことに因んで，"ワシリー"チェアとして知られるようになった。まもなく有名な家具メーカー，トーネット社は，それらの椅子を住宅用に大量生産する契約を結んだ。これは金属製の椅子がオフィス以外の場所ではじめて使われたことを意味している。

1928年には，ブロイヤーはベルリンで建築事務所を開業するためにバウハウスを去ったが，その後，さらに有名な椅子"チェスカ"チェアをデザインしている。これは，連続的な鉄製パイプフレームによるカンチレバーの構成，籐の座面と黒い曲げ木材の背あてをもつ椅子である。また，この椅子は元祖ブロイヤー・チェアとしてよく知られていて，世界中のあらゆる場所で住宅用，オフィス用そして学校用の家具として，最も頻繁に使用される1点となっている。ブロイヤーのその椅子に関するコメントは，彼の住宅設計についての思いと通じるものがある。「最先端の材料であるクローム鋼と最古の素材である籐の座面と木製部材。私は今までに，この素材はよいが，これはだめだと思ったことはない。私がたえず求めてきたものは，新旧を問わず材料を探る自由。そして，技術的な向上を探る自由である。」

ベルリン時代に，ブロイヤーはいくつものインテリア・デザインと2軒の住宅設計を依頼された。そのひとつは1932年のハーニスマッハー邸で，もうひとつは1935年，スイス・チューリッヒにアルフレッド・ロスおよびエミール・ロスと共同設計した，ドルデンタル・アパートであった。これら2つのプロジェクトは，いずれも軽く宙に浮かんでいて，ブロイヤーの浮遊する形態に対する関心を反映したものだったが，一方1936年，ブリストルでの王立農業展に建てられたゲーン・パビリオンは，量感に関するブロイヤーの新しい関心のありかを示していた。

ドイツでの政治的不安の増大，さらにモダン・アートに対するアドルフ・ヒトラーの圧力のため，ブロイヤーは，1935年に英国に移り，F.R.S. ヨークとの間にパートナーシップを形成した。最初の仕事は，モダン家具の製造販売業を営むグロフトン・ゲーン氏の住宅の改築であった。邸内の展示パビリオンには，ゲーン氏の会社であるP.E.

ヴッサーカレッジ，フェリー共同寮
（アメリカ，ニューヨーク州ポーキプシー，1950年）
設計：マルセル・ブロイヤー
photo: Ben Schnall
Courtesy of Special Collections,
Vassar College Libraries

ベリー邸（アメリカ、コネチカット
州ミルフォード、1952年）
設計：ハーバート・ベッカード
担当：ウィリアム・ランズバーグ
photo: Joseph W. Molitor

ゲーン社が製造していたオリジナル製品とライセンス生産品を展示するための理想的な広場としての役割が求められていた。開放型の平面計画構成は住宅設計を下敷きにしたものであったが、台所や浴室は含まれていなかった。このプロジェクトを通して、後になってブロイヤーの住宅設計を特徴づけることになる考え方が確立された。地元産のコッツウォルド石で造られた、屋外と一部屋内に配された石の壁は総ガラス面と並置された。ガラス面の一部は開閉可能な引違戸となっていた。ここでは地元産の石材の積極的な活用により、モダン建築においても、各国の形態や材料を十分に生かすことが可能であることが示された。また、切り取られた屋根面や通し梁によって、さらなる屋外空間を構築していた。

　ブロイヤーは、バウハウス時代以来、グロピウスと連絡を取り合い、たえず協力関係を築いていた。その頃すでにアメリカに移住していたグロピウスは、ハーバード大学でブロイヤーのために教職を用意していた。ブロイヤーはそれを受けて、1937年に英国を離れ、アメリカ、マサチューセッツ州のケンブリッジに向かった。その後ブロイヤーとグロピウスは協働していくつかの住宅を設計することになる。そのはじめの住宅は、ペンシルバニア州ピッツバーグのフランク邸であった。この住宅はインターナショナル・スタイルで、かなり大規模な4階建住宅であった。ここではクライアントの要求にしたがって、6寝室、9浴室、室内温水プール、さらにレセプション・ホール、バー、接客室が備えられていた。この住宅は他のブロイヤーの住宅に比べると形態も素材も煩雑なものであったが、クライアントが、さらに大きく、さらに目立つようにとたえず要望していたためであった。それでもブロイヤーのディテールは確実に反映されている。入口の上に大きく張り出したひさし、全体を通じて使用された地元産のフィールド・ストーン、そのフィールド・ストーンで造られた大型暖炉、そして、カンチレバーの数々を目にすることができるのだ。

　1939年、ブロイヤーはマサチューセッツ州リンカーンに小さな自邸を建てた。また、同じ街のなかに建つグロピウス邸の共同設計にも携わっている。このブロイヤー邸では、2階建て住宅のなかに開放された平面計画をもちこみ、3層にわたる居住空間を確保している。この住宅は、木製の矩形の箱を基本に、2寝室、2浴室、台所、メイド部屋、そして食堂を含むものであった。リビング・ルームは中2階におかれ、他の2つのレベルの中間に位置していた。したがって、その空間の天井はとりわけ高いものとなった。リビング・エリアには、総ガラス面に並置してソリッドなフィールド・ストーンの壁が配置され、そこにシンプルな暖炉口が開いていた。

　1940年、ブロイヤーとグロピウスは、ハーバード大学教授のヘンリー・G・チェンバーレイン氏のために、マサチューセッツ州ウェイランド

レヴィ邸（アメリカ，ニュージャージー州プリンストン，1957年）
設計：マルセル・ブロイヤー
担当：ハーバート・ベッカード
photo: Ben Schnall ©Smithsonian Institution

に小さな週末住宅を設計したが，この住宅はかなり注目を集めるものとなった。ここでは，無塗装のイトスギの板を垂直に取り付けて全体を囲み，石造の基礎の上に大胆なカンチレバーで大きくせり出していた。内部のリビング・スペースでは，石の暖炉がその焦点に据えてあった。また，その暖炉の一角を切り取って，小さな矩形の開口部が裏面まで抜けていた。この暖炉は，部屋の間仕切りとして機能すると同時に，彫刻的な役割を演じている。これは，ブロイヤーがはじめて暖炉を独立したオブジェクトとして扱った例となった。一方，ブロイヤーが1945年，ロングアイランドのヒューレット・ハーバーに建てたトンプキンス邸では，独立した暖炉はその両面に炉床をもっている。この住宅では，壁面のひとつが透明ガラスと不透明ガラスで構成された全面ガラス壁となっており，暖炉の豊かな形態を強調している。1947年のマサチューセッツ州ウィリアムズタウンのロビンソン邸では，石の暖炉は，再び独立して空間のなかに置かれている。しかし，ここではリビング・ルームの大きなガラス面の近くに置かれたという点が先述のトンプキンス邸と異なっている。

水平のスラブで分割された，垂直かつ矩形の切りこみは額縁となって向こう側の風景を切り取って見せている。

　1941年頃，グロピウスとブロイヤーの軋轢が明確になった。グロピウスは，ブロイヤーよりも19歳年上で，ブロイヤーにとってはたえず立派な教師あるいは良き指導者であった。またブロイヤーにバウハウスに残るように諭し，多くのインテリア・デザインの仕事を与えたのもグロピウスであった。さらにブロイヤーの英国滞在時には実務に取りかかる契機を与え，アメリカではハーバード大学での仕事を約束し，後にはブロイヤーとパートナーシップを組んだのだ。しかし，その時点で，ブロイヤーは自力で独立できると悟っていた。こういうかたちでグロピウスのもとを離れるということは，決して心地よいものではなかったが，正確には1941年8月1日に，ブロイヤーに仕事の上での転機が訪れた。ブロイヤーは当初，そのままケンブリッジで仕事を続けていたが，1946年になってオフィスをニューヨーク市に移した。

　グロピウスから独立した後のブロイヤーの最初の仕事は，ニューヨーク州ロングアイランド，ローレンスのゲラー邸であった。ブロイヤーは，第二次世界大戦中の住宅建設禁止令にもかかわらず，住宅を造ることを許可されていた。その住宅は，終戦後大量に必要になると考えられていた，プレハブ住宅設計の実験台として米国政府が特別に認可したものであった。その双核型住宅の平面計画は，戦後の家族に理想的であると考えられていた。リンカーンのブロイヤー自邸，チェンバーレイン氏の別荘，そしてブロイヤーとグロピウスが共同設計したグロピウス自邸は，その当時のモダン住宅建築の手本であると見なされたが，このゲラー邸はとりわけ大型の構成であった。またこ

の住宅は，伝統的な住宅で埋めつくされた郊外住宅地に突如として現れたのだ。矩形の平面をもつ双核のそれぞれの部分は反バタフライ型の屋根によって強調されていて，その屋根型が立面上の窓の形を決定している。この住宅は，イトスギの板でおおわれ，帯状の水平窓が目をひく要素となっている。その窓はプライバシーを確保しつつ，自然光を室内に十分にもたらすことができたのだ。この住宅は，あたかもその敷地を横断するかのように建てられていた。

さて，ニューヨーク州ロングアイランドのローレンスは，たまたまベッカードの生まれ故郷であった。彼はアメリカ海軍太平洋艦隊の航空母艦での兵役から戻った時に，はじめてこの住宅を目にした。当時，街の人びとからは，嘲笑的な意見と賞賛との両方が聞かれた。ベッカードは，ゲラー邸を一目見て衝撃を受け，建築家になることを決心したほどであった。実際，彼はゲラー邸が自分の仕事を決める上での最後の一押しになった，と語っている。

ハーバート・ベッカードは，1926年，ドイツ系移民の子供として，ニューヨーク州ローレンスに生まれた。

彼は子供時代の寝室にバウハウスに影響された家具があったことは覚えているが，バウハウスの思想に正式に触れたことは無かった。彼の親類や家族の友人たちの多くは，ナチ党時代のドイツからの難民であった。そのなかには，以前の住居から持参したバウハウス家具を使っている人もいた。

少年時代のベッカードは，母親から絵を描くよう訓練され，かなりの腕前をもっていた。また，母親自身が絵を描く才能をもっていた。そういった視覚芸術に才能をもつ人には珍しく，ベッカードは学生時代，数学と科学の分野でも優れていた。ベッカードはペンシルバニア州立大学で航空工学を学んだ後，海軍でほぼ3年間の兵役についた。しかし，意識して，あるいは無意識のうちに，建築家になりたいという願望を抱いていたようだ。ゲラー邸との出会いは，その願望を改めて認識するのに十分であった。彼は，海軍退役後ペンシルバニア州立大学に復学し，専攻を建築工学に変更した。その後ベッカードはプリンストン大学の建築学大学院に進学する。プログラムが時代遅れであり，かつ理論に片寄り過ぎるという理由でブロイヤーがウィーンの美術アカデミーを去ったのと同じように，ベッカードは当時のプリンストン大学でのプログラムが，19世紀ボザール派の伝統を頑なに守っているのに嫌気がさして，そこを去ったのだった。

その後，短期間の間にベッカードは2つの建築事務所に身を置いたが，ひとつの事務所は小さすぎて，またもうひとつは大きすぎたため，あまりためにならなかったようだ。その時点でベッカードは建築家として学び，成長することができる立場を追求しようと心に決めた。1951年のある日，彼はホセ・ルイ・セルトから入所を許可される。ホセ・ルイ・セルトは，当時ニューヨークで開業

レヴィ邸西側立面（部分）
photo: Ben Schnall ©Smithonian Institution

していた，著名なスペイン生まれの建築家である。しかしながら，マルセル・ブロイヤーが同じくニューヨークにいることを知って，ベッカードはブロイヤー事務所に入ることにした。

　当時49歳のブロイヤーは，若いベッカードの意欲を呼び起こすに十分な存在であったが，同時に所員をもうひとり雇うには，仕事があまりにも少ないことも現実であった。ルイス・サリバン事務所で仕事をつかんだフランク・ロイド・ライトの逸話を想い起こして，ベッカードは他の建築家のもとで働くより，たとえ無給でもマルセル・ブロイヤーのもとで働くほうがよいと考えた。彼はこの機会を大学院での研究の延長であると考えたのだ。ブロイヤー自身と秘書を含めてもわずか6人しかいない事務所で，ベッカードは程なくブロイヤーと親密な共同作業を行うようになっていた。事務所の人事構成自体が，ブロイヤーが目指していた，融合的かつ啓発的で，自由な発想に基づく建築観を反映していた。1951年の時点では非常にまれなケースといえるが，経験が豊富で，すでにひとかどのものとなっていた設計担当者の2人はいずれも女性であった。その2人はベイバ・バーンズとビバリー・グリーンで，特にグリーンは，アメリカで最初に建築実務についた黒人女性であった。

　ちょうどグロピウスがブロイヤーに即座に重要な仕事を任せたのと同様に，ブロイヤーはベッカードに仕事を任せていた。1952年には早くも，ベッカードはコネチカット州ニューミルフォードのペリー邸の設計をしていた。ブロイヤーはベッカードが事務所に勤務する傍ら，自らのプロジェクトを手がけることを認めていたのだ。ベッカードは，ブロイヤー事務所のチーフ・ドラフトマンであったビル・ランズバーグの協力を得て，この5寝室の別荘を設計した。この時ランズバーグは，ベッカードがあまりに舞い上がっているのを見て，「言っておくが，君が今までに学んだすべてを，この初めての住宅に出し切る必要はないのだよ。少しは次の仕事にとっておいたほうがよいぞ」と言っていた。それでもなお，ベッカードは，かなりブロイヤー色の濃いディテールをこの小住宅につぎ込んだ。外装は着色パネル仕上げ。大きなフィ

カックマーシック邸（アメリカ，ミネソタ州セントポール，1972年）
設計：ハーバート・ベッカード

スターン邸（アメリカ，コネチカット州ダンバリー，1953年）
設計：ハーバート・ベッカード

ールド・ストーンの壁がこの住宅の軽い木製フレームと対比されている。そして，コンクリートブロックの基礎の上に住宅全体が載せられていた。上司と部下という関係ではあったが，ブロイヤーとベッカードが共同設計をはじめたのは，ニュージャージー州プリンストンのレビー邸の仕事であった。その住宅は，プリンストン大学の教授とその妻のために建てられたもので，敷地から大胆に浮かび上がっているという点で注目に値する。

ブロイヤーとベッカードの関係はことさら特別で親密なものであった。ベッカードは1950年代半ばに事務所のアソシエート，そして1964年には正規のパートナーになった。1979年にブロイヤーが引退するまで，ベッカードはブロイヤーと協働して，個人住宅からかなり大規模な学校，政府関係，企業，宗教，そして産業関係のプロジェクトにいたるまで携わっていた。ブロイヤーは，4人の若手パートナーと個別に仕事をしたが，住宅の設計に関してはすべてベッカードと組んでいた。一方，当時ブロイヤーの若手パートナー同士が組んで仕事をすることはなかった。

この本では，時代順に，20軒の住宅について，設計上の重要点，材料，敷地条件，そしてクライアントや建築家の目指したものに関する検討を試みている。大部分の住宅は，ブロイヤーとベッカードが協働したものである。後半では，ベッカードが単独で設計したもの，もしくは，ベッカードが他の建築家と協働したものを紹介する。度重なるインタビューを通して，それらの住宅をベッカードとともに訪ねることもしばしばであったが，他のだれもが持ち得ない視点，言いかえればそれらの住宅設計の歴史を聞くことができた。いくつかの住宅に関しては，ブロイヤーとベッカードが設計した住宅に住むという経験に関して，もとものクライアントに意見を聞くことができた。住宅の住まい手から話を聞くということはなかなかないことである。ブロイヤーとベッカードは，クリエーターとしての役割を忘れることはなかったが，敷地，クライアント，そして予算が与えられている以上，建築のデザインはある程度流れのなかで自然に決まっていくものだ，という感覚を持ち合わせていた。ベッカードは次のように語っている。「形態，空間，素材，空間相互のつながり方，人びとがどのように空間から空間へと移っていくか，人びとがどのように空間を使うか，そういった建築全体から見えてくるもの，それが総合的建築というものだ。」

これから取り上げる住宅は，設計時の状態を原則とし，その後大きな変更は無いものとして記述されている。また，写真は，完成直後に撮影されたものがほとんどである。住宅の面積は，境界線，壁面線，囲み壁を含んで算出した。テラスは，実際の面積の4分の1を算入し，覆いのあるテラスは，実際の面積の2分の1として算入することとした。（これはアメリカ建築家協会の標準積算法によるものである）。各住宅に付された数値は，それらすべての面積を足したものである。

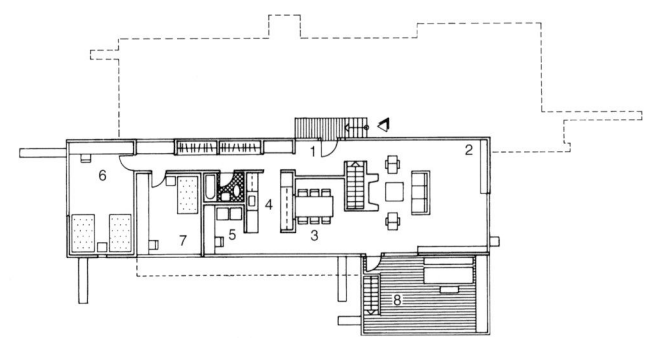

原設計平面

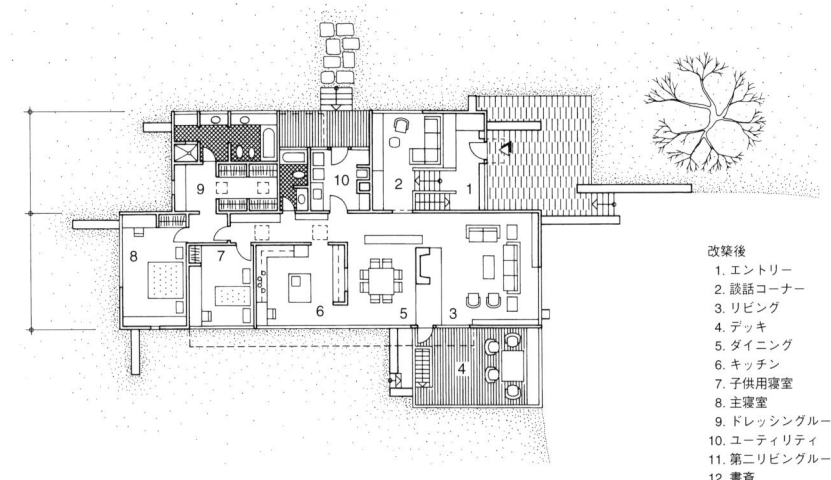

主階平面

改築後
1. エントリー
2. 談話コーナー
3. リビング
4. デッキ
5. ダイニング
6. キッチン
7. 子供用寝室
8. 主寝室
9. ドレッシングルーム
10. ユーティリティ
11. 第二リビングルーム
12. 書斎

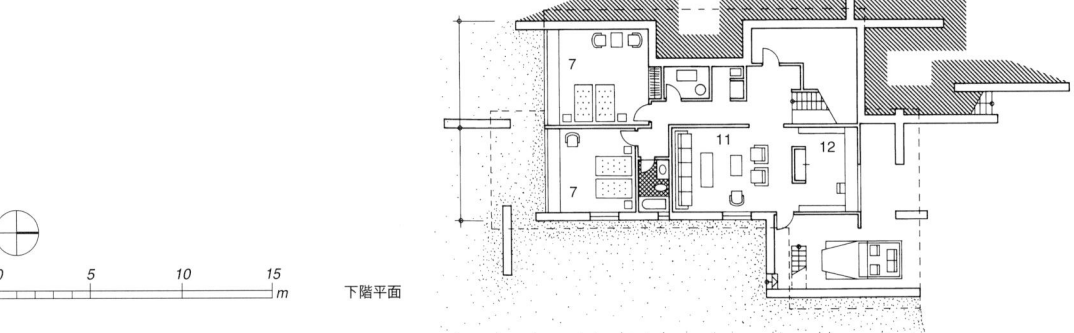

下階平面

ブロイヤー／ローベック邸

コネチカット州ニューカナン
原設計 1945年　2,400平方フィート　設計：マルセル・ブロイヤー
改築　　1986年　4,200平方フィート（増築後）　設計：ハーバート・ベッカード，担当：アンドリュー・ウォング

1945年のオリジナル写真。東立面。両端部では，片持ち部分を支持し，同時に視覚的力強さを手に入れるために，板材が斜めに貼られている。後年の住人は，カンチレバーされたポーチと端部を支えるために，木製の柱と鉄製の丸柱を加えてしまうのだが……。

急流の上にせり出すフランク・ロイド・ライトの落水荘，透き通るようなフィリップ・ジョンソンのグラスハウス，そして宙に浮かんだマルセル・ブロイヤー自邸のシルエット。これらはまさにアメリカ・モダン住宅建築を代表するイメージである。このニューカナンのブロイヤー邸は，大きく張り出したポーチとひさし，そして傾斜した屋根面で構成された独特の立面を見せていた。一方1945年にブロイヤーが設計したゲラー邸は，ユニークな反バタフライ型の屋根をもち，敷地全体を低く覆うような広がりを見せていた。そのゲラー邸とこのサンセット・ヒル・ロードのブロイヤー邸は，モダン建築を代表する住宅として認識されるまでにそれほど時間を要しなかった。1986年になってベッカードはこの住宅をほとんど2倍の面積に拡大する計画を依頼された。その時にベッカードの意識にまず上ったことは，北側立面の名高いシルエットと，これも有名な東側立面には手を加えないということであった。ベッカードはブロイヤーによる原設計をできる限りそのままに保つように心がけたが，この対応はベッカードにとってきわめて率直なものであった。ブロイヤーとのほぼ30年間にわたる設計活動を考えれば，それは当然の義務であるとベッカードは考えていたのだ。

ブロイヤーのこのかなり簡素な住宅は，自分自身と家族が日常生活をおくる場所として設定されている。予算の関係でブロイヤーが思っていたよりも規模が小さくなったが，コンパクトかつ質素に，そして限られた材料だけを使って慎重に設計されていた。ここでは，住宅の平面計画，外観，そして機能はかくあるべきだという，彼の哲学的理想を実際のかたちにしたものであった。

この住宅ではブロイヤー自身を除いて誰も設計に口を挟む人はいなかった。こうして，ブロイヤーは，フォーム，材料，敷地内の配置，あるいは構造上のディテールに関して，何の制限もなく自由に試みることができたのだ。広さ2.7エーカーの敷地は傾斜をもっている。ブロイヤーは，住宅を敷地の起伏に沿わせるのではなく，地面から分離した。つまり，窪地部分に設置したコンクリートブロックの基礎によって住宅全体を持ち上げたのだ。さらに住宅の長辺側は片持ちで約4.5メートル持ち出されている。これは完全な木構造と

1945年のオリジナル写真。北からの眺め。このアングルは、住宅建築において最も有名なイメージのひとつになった。ポーチはケーブルによって支持されているが、それが後になって問題を起こしてしまうのだ。
photo: Ezra Stoller ©Esto

しては並外れた規模のものであった。さらに構造への挑戦と劇的な表現を狙って、言いかえれば"構造のための構造"に対する自らのこだわりを満足させるべく、ブロイヤーはかなり大きめのポーチを、住宅本体からの鋼製ケーブルで支持して、片持ちで吊るした。また、プレキャスト・コンクリートの段板を鋼材で支持した階段がそのポーチから地面まで下ろされ、大胆かつ繊細な表情を与えている。

　この住宅は、長方形の平面を基本に置き、垂直に取り付けたイトスギの壁板で全体がおおわれている。ファサードの東と西の端部は、板材を斜めに貼ることによって構造上の補強材としての役割をもたせている。ここでのブロイヤーの意図は、構造的な効果をはっきりと見せると同時に視覚的な変化を生み出すことであった。このように、本来、構造上有効な部材が、装飾表現としての効果を併せもったのだ。入口を含む西側立面には開口部がひとつだけ設けられ、東側立面の上層部分には水平連続窓が与えられた。また同じ東立面の下層部分と木が斜めに貼られたカンチレバー部分には、スリット状の小ぶりな垂直窓が設けられていた。この東側立面ではポーチを支持するケーブルと、開口部の上にある木製のひさしを吊るすケーブルが、微妙な対比関係とバランスを生み出している。

　ところが、完成後それほど経たないうちに、そのポーチがたわみ始めてしまったのだ。ブロイヤーは、クライアントの要求に対して文句を言ったり無駄な議論を始めたりすることなく、お互いの納得

増改築後の住宅。1986年。1948年、ブロイヤーは、ポーチの支持を、ケーブルから石の壁に置き換えた。ベッカードは、片持ちの端部にポーチと同様の石の壁を使うことによって問題を解決した。下層部分に石貼り仕上げが追加されたが、地面に接する部分全体に統一感をもたらし、また下階の窓の拡大を可能にした。新旧ともに、木部はすべて半透明のニスで再仕上げされた。
photo: Andrew Appell

がいくように思いきった設計上の変更を行うことが多かった。この住宅では、自分自身がクライアントだが、技術上の大胆さと見た目の良さに後ろ髪を引かれる思いがしたものの、その時点で思いきってケーブルシステムをあきらめることにした。その代わりに、好みの材料であるフィールド・ストーンを使った支持壁を挿入してポーチを下から支持した。さて、ブロイヤーはこの住宅には6年間住んだ後に、ニューカナンに新築したもうひとつの自邸に移り、この住宅は売却した。（一生のうちに、ブロイヤーは4軒の自邸を設計した。）

その後の11年間に、この住宅の借り手は次々と変わっていった。さて、この住宅の片持ちで持ち出された端部は、高さ3メートルの木製トラス構造で構成されていたが、やがて応力疲労を起こしてたわみ始めてしまった。ブロイヤーならば、ここでフィールド・ストーンの壁を力学的な解決策として使うことにこだわったであろうが、

その時の住人はその端部を木製の柱とパイプ鋼で支えてしまい、美的にも技術的にもこの住宅の設計思想とそぐわないものとなってしまった。

ピーターとトゥルーディー・ローベック夫妻が移ってきた時点で、この住宅はブロイヤー以後そのようにしてすでに11年間にわたって賃貸されていた。彼らは後になってこの住宅を買い取り、ほぼ30年たった現在もこの住宅に住み続けている。1956年にローベック夫妻はカリフォルニアからニューカナンに移ってきた。当初彼らは、この地域にある古い農家を買って住宅に改築しようと考えていたが、まずは当面仮住まいするための賃貸住宅を探していた。「私にこの住宅を見せようと、妻が車を運転してドライブウェイを登って行きました。私は…何だ？これは一体なんだ？と思いました。私はモダン建築のファンではなく、私の妻もモダン建築を特に好んでいたわけではなかったのです」とローベック氏は回想する。最終的に、ローベック氏がこの住宅に深い愛着をもつきっかけとなったのは、樹齢百年を超えるしだれツガの樹であった。よく考えてみれば、ローベック氏は単なる借り手にすぎないのに、いつのまにか、その樹の手入れにかなりの時間と労力を費やしていたのだ。そのような努力は、夫妻の住宅自体についての思いをはっきりと反映したものであった。「その時、私も妻もこの場所が非常に気に入っていることをあらためて認識したのです。」

ローベック夫妻はこの比較的小さな住宅で2人の子供を育て上げた。子供たちが独立した時点で、

夫妻はこの住宅をできるだけ原設計に近い状態に戻すことに決めた。その一方で、この住宅は簡素に設計されていたので、狭いキッチン、手狭な浴室、窮屈なダイニング・エリア、わかりにくい入口回り、といった使いにくさがあった。長い間、何とかだましだまし使ってきたが、この不便にはさすがに嫌気がさして、ローベック夫妻は改修工事に際して、大規模な増築と設備の改良工事もあわせて行うことにした。ベッカードが長年ブロイヤーと共に仕事をした経験、単独で設計した住宅の質の高さ、そして、ニューカナンの第2のブロイヤー邸における増築の出来具合いから判断して、ローベック夫妻はこの仕事をベッカードに任せる事にした。この仕事は、ブロイヤーの視点と哲学を忠実に守ると同時に、現在の住人であるこのクライアントの要求を満足させる必要があった。

ベッカードは、増築部分を既存部分と平行に置き、長手、つまり南北方向にやや短いものとした。こうすれば、増築部分は既存の部分の背後に隠れてしまって、オリジナル・ファサードのうち三面には全く触らないことになる。つまり、有名な北と東の立面は全く影響を受けないのだ。増築部分の屋根の傾斜角は、既存部分と反転した傾斜を用いた。こうして全体としてはバタフライ型あるいは谷型を構成し、これはブロイヤーの初期の名作ゲラー邸を想起させるものとなった。このような全体像を設定することで、この住宅は無理なく、そしておそらく歴史的に正しく、新たな展開を得ることとなった。

原設計の入口部分はわかりにくかったが,増改築時に,低い石壁と入口テラスに導かれて十分に広い入口に至るように改められた。
photo: Andrew Appell

　原設計での入口は「裏口のような感じがした」とローベック夫妻は語っていたが,この新しい入口の機能ははっきりとしている。まず,新設されたテラスまでごく自然に導かれる。このテラスは地面から少し持ち上げられていて,そこから入口に直接到達できるようになった。また,低いフィールド・ストーンの壁が,アプローチを示すように配置されている。仮設的に取り付けられた木製の柱と鉄製の丸柱は撤去され,幾何学的に並置されたフィールド・ストーンの壁が,構造的に片持ち部分を支持するために新たに設置された。また,増築部分のイトスギの板が既存のものと馴染むように,新旧すべての木部が半透明のニス仕上げをかけられている。
　東立面のむき出しの基礎壁にはフィールド・ストーンが貼られた。その結果,下層部分にも目がとまるようになり,新旧両部分の間に統一感を与えている。原設計ではこの下層部分は控え目に扱われ,単なる貯蔵スペースとして扱われていた。この増改築工事後,この部分は実際の居住空間となるため,自然光を採り入れると同時に,室内側からの視界を確保するため,ベッカードは窓をいくつかつけ加えた。

有名なプロフィールは保たれている。石の壁の間を通って増築部分に導かれるが、原設計部分の形態には全く影響していない。
photo: Andrew Appell

　原設計の入口は、見つかるのが不思議なほど目立たないものであったが、ベッカードが新設した入口は広々としていて、まるでそれ自体がひとつの部屋のようである。ここは新築された部分ではあるが、ブルーストーンの床張り、ブロイヤーブルーのドア、室内の石壁、そしてユニークな窓の形など、この部分に使用されたパレットはブロイヤーのそれに忠実だということがわかる。以前の入口があったところは通用口となっている。再構成された入口部分に設けられた新しい内部階段は、上下両方のメイン・リビング・エリアに導かれ、スキップフロア型の構成となっている。階段の上端には、ちょっとした談話スペース兼書斎があって、そこから主廊下、さらに各部屋へとつながっていくのである。以前の浴室は撤去され、キッチンとダイニング・エリアが拡大された。増築部分には、フルサイズのゲスト用浴室、そして主寝室用の大型ドレッシング・エリアと浴室が設けられた。戦後世代の家族がそれなりの年齢となり、十分な広さのドレッシング・エリアと寝室、そしてゆったりとした浴室を望むようになったのだ。1950年代の家族には適当であったものが、ここに来て突然時代遅れになったようだ。

　原設計に忠実なものとするためには、内部壁面の再塗装が重要な意味をもっている。室内の大部分は白で塗られていたが、いくつかの場所、たとえばリビング・ルームの壁に、ブロイヤーブルーをアクセントカラーとして用いている。また、ブロイヤーが好きだったもうひとつの色、黄色を階下の談話スペースに使用している。リビング・ルームに入ると、ブロイヤーブルーに塗られた壁がまず最初に目に入る。この抜けるような青色は、ブロイヤーがバウハウス時代に、ウルトラマリンとコバルトブルーを混ぜて作ったものである。この色は、形態、平面計画、素材以上に、ブロイヤーの存在をはっきりと示している。ベッカードが独自に設計した住宅にも、ドア、壁、パネル、あるいはガレージド

ニュー・イングランド産のフィールド・ストーン壁は，直交するように置かれている。スノコ状のひさしは，デザインはそのままに延長されて，主寝室の狭い窓の上までかかっている。

photo: Andrew Appell

アにこの色が使われている。

　原設計時に使われたイトスギの天井材は新しい天井にも用いられた。原設計では西側の外壁に面していた主廊下は，増築工事の結果，窓からの採光が得られなくなった。ベッカードはここに自然光をもたらすために，2つの天窓を屋根面に設けた。また原設計にはなかったカーペットをはがし，1950年代に好まれた素材であるシザル麻のマットを，リビングからダイニング・エリアにかけて敷いた。ダイニング・ルーム内の壁と内部階段を撤去して，横方向に一列に並んだ部屋配置を保ちながらもダイニング・ルームを大幅に拡大し，平面計画にさらに開放感をもたせることができた。

　敷地への眺望は，この住宅で最も視覚に訴えるものである。一方，室内で視線を集めるものは暖炉である。この暖炉はリビング・エリアとダイニング・エリアの間に，物理的というよりもむしろ視覚的な障壁として置かれている。ブロイヤーとベッカードによる暖炉は，後年さらに彫刻的なものとなっていった。この暖炉は形態としては派手ではないが，しかし存在感が強いものであることには変わりはない。白く塗られた煉瓦造で，木製天井との対比が印象的である。また，垂直方向に開けられた矩形の切りこみが，この暖炉の重量感を軽減している。そこにブロイヤーの暖炉に対する彫刻的な配慮が確認できる。

　リビング・ルームの延長上にあるメイン・デッキは，屋外のリビング・スペースとして，以前のブロイヤーの時代と同じように頻繁に使われている。ここは，メインフロアから見ると明らかに地面から離れているが，とくに不安感を与えるものではない。ブロイヤーがデッキ部分に穴を開け，地面に通じる階段を設けたことが，不安

新しい入口部分は、それ自体がひとつの部屋となっている。談話コーナー兼書斎は、スキップレベル配置の上側にある。もうひとつの階段は下階へ直接つながっている。
photo: Andrew Appell

原状に戻されたリビング・ルームは、1945年の設計時と同じ材料を使用している。注目に値するのは、白く塗られた暖炉、シザル麻のマットを敷いたフロア、そして書棚が組みこまれたブロイヤー・ブルーの壁である。
photo: Andrew Appell

定感をぬぐう決定的な要因となった。室内側から見た時に、その階段は地面につながっていることを想起させる効果があるのだ。この住宅の浮遊感のおかげで、自然にほとんど手を加えないですんだばかりでなく、ランドスケープとともに暮らし、また、ほとんどの部屋からランドスケープの全貌を楽しむことができるようになった。ローベック氏はこの住宅での経験が"ツリー・ハウスでの生活"とよく似ていると指摘している。「外に目を向けると、いつも驚くばかりの眺望が広がりますが、地面から離れているという感じは全くしないのです。」

原設計平面

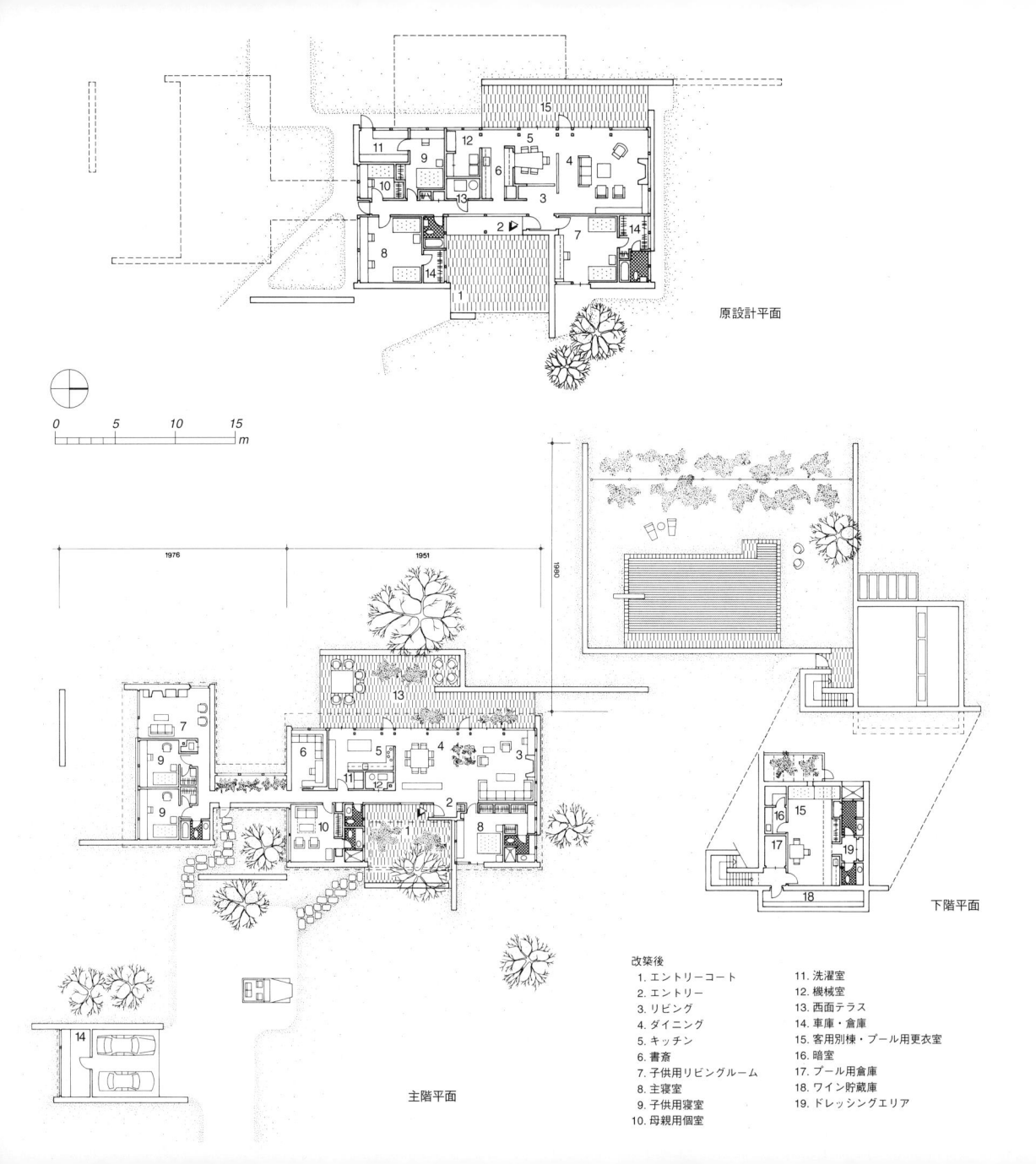

主階平面

下階平面

改築後
1. エントリーコート
2. エントリー
3. リビング
4. ダイニング
5. キッチン
6. 書斎
7. 子供用リビングルーム
8. 主寝室
9. 子供用寝室
10. 母親用個室
11. 洗濯室
12. 機械室
13. 西面テラス
14. 車庫・倉庫
15. 客用別棟・プール用更衣室
16. 暗室
17. プール用倉庫
18. ワイン貯蔵庫
19. ドレッシングエリア

ブロイヤー／ブラッティ邸

コネチカット州ニューカナン
原設計1951年，3,000平方フィート，設計：マルセル・ブロイヤー
増築1979年，1982年，4,600平方フィート，設計：ハーバート・ベッカード，担当：ロバート・クーピース

東側，入口側正面から見た，改築前，1951年のブロイヤー邸。左側のフィールド・ストーンの自立した壁は，増築時にコートヤードの目隠し壁となる。
photo: Ben Schnall

ベッカードは，1年間の留守番役を引き受けて初めて，ブロイヤーが設計した住宅で暮らすとはどういうことなのか身にしみてわかったという。それまでは現実の経験というよりも，仕事の上で頭で理解していたにすぎなかったのだ。時に1953年，ベッカードがブロイヤーのニューヨークオフィスで働き始めてから，まだわずかな期間しか経っていない頃のことである。その頃ブロイヤーはパリのユネスコ本部の設計依頼を受け，その設計期間にあたる1年間，パリに居を構えなくてはならないと考えていた。そして，その間，この若い所員にニューカナンにある自邸の留守番を任せることにしたのだった。

この住宅は繊細で絶妙なバランス感覚の上に成り立っているが，若いベッカードは，屋内外の相互作用の見事さに一番感銘を受けたようだ。そして，その空間で実際に暮らすなかで，ベッカードの印象に特に残ったことがいくつかあったといっている。コートヤードに与えられた，屋内でありながら屋外でもあるという，微妙な感覚。また，住宅の後ろ側の全長にわたってテラスが設けられ，そこに面した，床から天井まで至る全面ガラスとそれに隣り合う石積みの壁が与える絶妙なコントラスト。ベッカードは，建築家としての教育の大部分が，この住宅に住む経験から得られたといっている。「私はブロイヤーの住宅を研究し，また実際にブロイヤーのもとで図面を引く機会もあった。文献にもずいぶん当たったし，実物を目にしたことも少なくなかったつもりだ。しかし，こういった環境に実際に住むという経験だけはしたことがなかったのだ」。しかしその頃，ベッカードは，まさか自分の手でこの住宅を大幅に増築する責任を担うことになるとは，予想だにしなかった。

1945年，ブロイヤーはニューカナンのサンセットヒル・ロードに自邸を建てた。この住宅は瞬く間にモダンアメリカ住宅建築の代名詞となった。その後その住宅に5年も住まないうちに，ブロイヤーはかなり衝動的に，同じ町のなかに別の住宅を建てることを決意した。この住宅は，自分の家族，すなわち，妻のコニー，息子のトーマス，そしてまだこの時には生まれていなかった娘，チェスカのために設計されたものであった。新たに別の自邸を建てようとしたきっかけについて，「サンセットヒル・ロードの（最初の自邸の）敷地も確かに素晴らしかったが，この新しい敷地の美しさに大いに刺激されたのだ」とブロイヤー自身が語っていたと，ベッカードは言っている。

その頃，ブロイヤーには数多くの設計依頼が舞い込んだ。そのため経済的に安定し，最初の自邸がかなり質素な設備しかなかったということもあって，少しは快適な住宅に移ろうか，という話になったのであろうか。実はそれよりも，この新しい住宅で，ブロイヤーは新しい形と材料を試す機会を得たことに意味を見出したのではなかろうか。1950年代の若い建築家た

この住宅への増築は、原設計の思考に忠実である。新築された子供棟が左側に見えている。
photo: Nick Wheeler

ベッカードは、エントリー・コートヤードの一部を改変した。原設計の特徴であった自由梁はそのままにされ、屋外空間を定義している。入口脇の、もとはいくつかのすりガラスの引き違い戸があった所に、ベッカードは固定と煉瓦壁を挿入した。
photo: Nick Wheeler

ちは、ニューカナンを訪れて注目に値するモダン住宅を見て歩いたものだが、その際に、ブロイヤーの新旧の自邸は欠かすことのできない巡礼地となった。ニューカナンは以前から裕福な層の多く住むニューヨークの郊外地として知られていたが、一方で非常に革新的なデザインの住宅群で知られるようになったのだ。この街には2軒のブロイヤー邸と2軒のブロイヤー設計の住宅に加えて、フィリップ・ジョンソンのグラスハウス、エリオット・ノイス、ジョン・ジョハンセン、ランディス・ゴアスらの作品が点在していたのだ。

ブロイヤーの最初の自邸がその敷地の上に大胆に浮いていたのに比べ、この新しい自邸は地表に堅固に横たわっていた。ここでは、荷重を地表面に伝えなくてはならないというはっきりした理由があるので、ブロイヤーは遠慮なく石を使うことができた。入口側のファサードが実質的にすべて石造りなことから、この住宅は密度の高いソリッドな存在であるという第一印象を与える。ブロイヤーが好んで用いたもうひとつの材料、ブルーストーンが屋内の床面、エントリーコート、そして、後部テラスに使われている。この住宅の加熱システムも新たな試みであった。床全体が地面に直接打たれたスラブ上にあることを利用して、コイルをスラブに直接埋め込んだ形の放熱システムが導入された。これはブロイヤーにとってはじめての試みで、またその当時、比較的新しい技術でもあった。このシステムを採用したおかげで、室内空間には不恰好で掃除の難しいラジエーター、対流式暖房器、グリルといったものが一切不要となった。その結果、床から天井までの全面窓ガラスを用いること、そして、家具をもっと自由に配置することが可能となった。

サンセットヒル・ロードの最初の自邸は箱のように角張った鋭い幾何学的形態をとっていたが、この新しい自邸は、独立した平面を延ばしていく、という発想に基づいている。そして、多くの場合、密度の高い面(フィールド・ストーンの壁)とガラス面が並置されている。

いくつかの立面では、高い位置に設けられた水平窓の下に、煉瓦あるいは石を合わせていることがある。ここで、ガラス面の場合もソリッドな壁の場合も、隅部の両側に同じ素材を使うということはない。これはブロイヤーが、早くは1936年に、ゲーン・パビリオンで使った手法であったが、この住宅ではとりわけ大きなスケール上で展開されている。ブロイヤーとベッカードは、住宅の立面には、堅固な入口正面と、大きな開口部をもった後面を配することが多かった。他の住宅と比べても、この住宅にはその構成が顕著に現われている。南面の寝室と北面の主寝室を除いて、この住宅の主要な窓は西側、つまり裏側に面している。一方、入口正面は、街路からほとんど閉ざされている。

また、この住宅は、ブロイヤーがエントリー・コートヤードを用いた最初の住宅でもある。ブロイヤーとベッカードによる後年の住宅のコートヤードは、戸外のリビング・スペースとして積極的に利用されたが、ここでは単に住宅の入口を強調したにとどまった。この空間はこぢんまりとしていて心地よいが、決してバーベキューを楽しむとか、そこで腰を下ろすといった、何らかの活動を誘発するためのものではない。そのコートヤードの上を横切り、屋根ラインへと続いていく梁は、この空間を定義する上で大いに意味がある。屋根面を延長する、あるいは戸外の空間を超えて連続させるといった手法は、後年のいくつかの住宅でより明確に現れてくる。このエ

西側。オリジナル部分のガラス壁は、増築部分のソリッドな壁と対照的である。これら2つの部分を連結する通路は十分に開放的である。拡大されたテラスは、一連のフィールド・ストーンの壁によって境界を定められている。
photo: Nick Wheeler

石壁が重なり合って、住宅から水泳プールが見えないようになっている。左下に見えるのは、地面の下にあるゲスト・ハウスに至る階段である。北立面の高い位置にある連続窓には変更がない。
photo: Nick Wheeler

ントリー・コートヤードは、ブルーストーンの敷石と、座面程度の高さに抑えられた低いフィールド・ストーン壁によって空間の境界面を与えられてはいたが、その前に広がる芝生の庭に向かって開放され、あたかも屋外に設けられた部屋のようであった。しかし、実際の部屋として機能するにはプライバシーの確保が十分ではなかったのだ。

平面計画に関しては、この住宅は完全に平屋なので、ブロイヤーは、リビング・エリアと寝室のエリアを引き離すというアイデアをさらに探究することができた。リビング・エリアと寝室エリアはそれ以前にも分離していたが、大人と子供の寝室をはっきりと分けることはなかった。この住宅の北東の隅に位置する主寝室は、この住宅に入ってすぐの場所に置かれている。一方、他の寝室へは北から南に向かう廊下を経ることになる。主寝室の街路側に面するガラスの引き戸を通して、朝の光が燦燦と降り注ぐ。前面に配された、大きな常緑樹は、街路からのプライバシーを確保すると同時に、立面の硬さを和らげている。

ブロイヤーは、"ルイス"を意味するハンガリー語の"ライゴ"という愛称で呼ばれるのを好んだ。彼と妻のコニーは、多くの客を一度に招くことはごくまれで、また、プライバシーを重視していたが、そういった暮らし方に対する解答として、この住宅は理想的なものであった。ブロイヤーはある程度の年齢になってからは、ニューヨーク市内のアパートとケープコッドの別荘で十分だと思うようになり、1976年にこの自邸を売却した。

夕暮れ時には、大きなガラス面の効果は特に顕著である。
photo: Nick Wheeler

　この決意はブロイヤー夫妻にとってかなりつらいことであった。
　新しい住人、ジェラルドとナンシー・ブラッティ夫妻は、頻繁に多数の来客があり、大型の住宅に住み慣れていて、また2人の子供と未亡人となったブラッティ夫人の母が同居していた。（ちなみに、ブラッティ氏は石材業を営んでおり、この住宅にすぐに魅力を感じるようになった）。新しい住人の詳細な条件を考えると、この住宅にはかなりの調整を要することは明白であった。最初のニューカナン・ブロイヤー邸の住人であったローベック夫妻はベッカードに増築を任せたが、ブラッティ夫妻も同様に、この住宅に創造的かつ文脈に沿った改築案を考えることができるのはベッカードだけだ、と考えた。
　この住宅がブロイヤーに意味していたことを熟知した上で、ブラッティ夫妻の要求を満たさなくてはならない。ベッカードは、良き指導者であったパートナーに対する敬意を含めて、きわめて大きな責任を感じていた。ベッカードによれば、ナンシー・ブラッティはとりわけ設計過程に積極的で、博識なクライアントであった。彼女はこの住宅の完結性を保持することの重要性をよくわかっていたのだ。増築部分は、オリジナルの部分と関係をうまく保ちながら、同時に完全に独立した要素であるべきであることを理解していたのだ。ベッカードは、彼女との設計過程を今までのなかでも最も良い建築家とオーナーの協力関係であったと記憶している。
　増築棟は南端に配置され、既存の入口ファサードの面から僅かに下げられている。オリジナル部分のファサードと同じく、この部分の壁はソリッドで、低いフィールド・ストーンの壁が、新しく設けられた2つ目のコートヤードとの境界を示している。既存のエントリー・コートヤードが、さらにプライベートなものとなるように、ベッカードは既存のフィールド・ストーン壁を拡大している。完全に舗装された床面に代えて、芝生、樹、その他の植栽が植えられ、無理なく入口ドアまで導かれるようになった。
　増築部分はオリジナル部分と明確に区別されているが、素材や使用される窓の形はオリジナル・デザインを忠実に保っている。この新棟は新たな連絡通路によってオリジナル部分と接続されていて、その通路部分には、街路に面する側には石の壁、反対側にはガラス面が用いられた。こうしてソリッド部分とガラス面を組み合わせることで、水平方向に長い立面の構成がうまく生かされたのだ。一方、新棟の後ろ側、つまり西側ファサードは、子供用の居間に設けられた大きめの窓を除いて全くのソリッドで、オリジナル側の全面ガラス壁とバランスを保っている。ベッカードは増築部分が目につくようになって、オリジナル部分と競合することをできるだけ避けようとしていた。そのため、新しい寝室と子供の居間の窓は、すべて西ではなく南に向かって開いている。実際、オリジナル部分の主寝室も南に面していたのだ。
　外回りの変更点のうち特に重要なものは、入口部分の床から天井までの高さのすりガラス製の引違窓を撤去したことである。その代わりに、透明ガラスが挿入された白塗りの煉瓦壁が置かれた。この素材は住宅のほかの部分でもすでに使われていたものである。エントリー・コートヤードに入ると、文字どおり住宅を抜けて裏のテラスまで見通すことができる。この後部テラスはかなり拡大され、並置されたフィールド・ストーンの低い壁で囲まれている。
　ブロイヤー自身は特にガレージが必要だとは感じなかったが、ブラッティ夫妻の考えは逆だった。ベッカードの解決案は、ベッカード自身とブロイヤーの好みを尊重して、住宅からガレージをかなり離すことであった。こうして、この住宅へのアプローチが十分に引き延ばされ、歩くことをとおして住宅の存在を意識することになるのだ。このガレージの設計上の微妙な特徴は、ガレージを構成している2つのフィールド・ストーンの壁が、実際の構造的な端部から反対の方向にずれながら、それぞれ伸びていることである。結果的に、この建物は、住宅本体の水平性を強調することになった。

プールおよびゲスト・ハウスを見る。低い石壁の配置は，プールやその先の風景への視界を広げる役目をする。壁の迷路状の配置は，古代の遺跡を思い起こさせる。
photo: Nick Wheeler

　さて，ベッカードが行った屋内の変更は劇的で，そして一種のドミノ効果を伴ったものであった。リビングとダイニング・エリアは確かに開放型の平面計画であったが，固定された半透明の竹スクリーンがその2つのエリアを分離していた。改築に際して，そのスクリーンは居間を拡大するために撤去された。料理好きなブラッティ夫人とその母は十分なキッチンスペースを希望し，また多数の来客のための食事の準備をまかなうのに十分な設備が必要とされていた。以前のギャレー型キッチン・エリアは，新しいダイニング・エリアの一部にあてられた。新しいキッチンには十分なカウンター・スペースが設けられ，またカウンターや食卓代わりにも使われるアイランドが準備された。このキッチンは，以前の洗濯場，貯蔵庫，そして寝室部分にあたる。新しいキッチンを作って残った部分は，オフィスと書斎に充てられた。

　住宅の手前側のトム・ブロイヤーの寝室であった部屋にはバスルームを増築して，ブラッティ夫人の母のための個室に改造された。この部屋に隣接するコートヤード

改築に際して、ベッカードは、リビングとダイニングの間にある竹のスクリーンを取り除き、天井材を新しいものに取り替え、さらに2つの天窓を設けた。暖炉上部の水平連続窓とブルーストーンばりの床はこの住宅のオリジナルのままである。
photo: Nick Wheeler

を囲んだ石の壁は、道側からの視線をさえぎるという重要な役割をもっている。一方、主寝室には収納スペースとクロゼットを追加し、また浴室の大きさを拡大するために、若干縮小された。ブロイヤーは、自分で使うには浴室の大きさは最低限で十分だと考えていたが、クライアントは必ずしもそうは思わなかったのだ。また、ブロイヤーは、寝室をやや控えめな大きさにして、余った空間をより開放的で心地よいリビング・スペースに充てる傾向があった。

ブラッティ夫人が副業としている園芸のため、2つの大きな天窓が、リビング・スペースとダイニング・スペースのほぼ中間の屋根面に開けられた。その周辺に室内観葉植物を吊したり、また鉢植えのものを直下に並べたりして、日中ずっと日の光を与えることができるわけである。ラーフ邸と同様に、採光用の水平連続窓が、暖炉側の壁の全長にわたって設けられたが、この窓は同時にプライバシーの確保も可能とした。他の住宅に設けられた暖炉がかなり凝った彫刻的形態であったのに比べ、この住宅の暖炉はシンプルな箱型で、白ペイント仕上げの煉瓦造である。その上にはテラコッタ製の煙道が突き出している。このエリアでは、老朽化して黒ずんでしまった天井の木板を、フィンランドから取り寄せた薄い色調のものに取り替えたことに加え、自然光が十分に差し込むので、住宅全体が明るく生まれ変わった。

　この改装が終わった後、ブラッティ夫妻はプールとゲスト・ハウスをさらに付加することにした。この段階でベッカードは、この敷地にはすでに十分すぎるほどの建物が存在しているので、これ以上新たな建物を建て増すことは避けたいと考えた。この住宅が際限なく広がってしまわないように、ベッカードはプールとゲスト・ハウスの両方を住宅本体よりもかなり低くおさめた。プールは住宅北側に十分な距離を置いて配置され、リビング・ダイニングエリアからは全く見えないようになっている。フィールド・ストーンで作られた高さ1.2メートルの転落防止用の壁は法規上の要求であったが、室内からはこの壁が見えるだけであった。プールから西側の地形は、急に勾配が増して下っていく。そこでは、ベッカードが配した濃密な低木群のなかに、残りの安全用フェンスが隠されている。

　ゲスト・ハウスは、完全に地下に埋められ、採光用に、屋根の全長にわたって曲線断面の天窓が設けられている。外部から見ると、ゲスト・ハウスとプールの複合体は迷路のようで、あるいは、ベッカード曰く"新たに作られた廃墟"のように見える。広さ600平方フィートのこの建物は、寝室、ダイニング・エリア、簡易キッチン、暗室、ワイン貯蔵室、そして収納庫が含まれ、フィールド・ストーンの壁の隙間を抜けるように階段を下って、そこに至ることができる。

　ブロイヤーは、ベッカードがブラッティ夫妻とこの計画を進めている間、打ち合わせにはあえて顔を出さなかった。おそらく、最愛

キッチンはオリジナルではギャレー型であったが、新しい位置に移されて、フルサイズのひと部屋を与えられた。
photo: Nick Wheeler

の住宅に手を加えられることに対して、心が痛んだからであろう。その気持ちを察して、ベッカードはこの住宅の特質を維持することにさらなる責任を感じた。完成に際して、ブラッティ夫妻は、ベッカード夫妻とブロイヤー夫妻を昼食に招いた。この時、ブロイヤーははじめて、かつての自邸が改修された姿を目にすることになった。何かを賞賛する時にも言葉数が少ないのがブロイヤーの常だが、この時ベッカードにもらした一言は「良い仕事をしたな」であった。ベッカードは、それまでの緊張がいっきに解け、安堵すると同時に、プロジェクト完成の充実感がこみ上げてきた。ブロイヤーからのこのほんの小さな誉め言葉は、最高の評価を意味していたのだ。

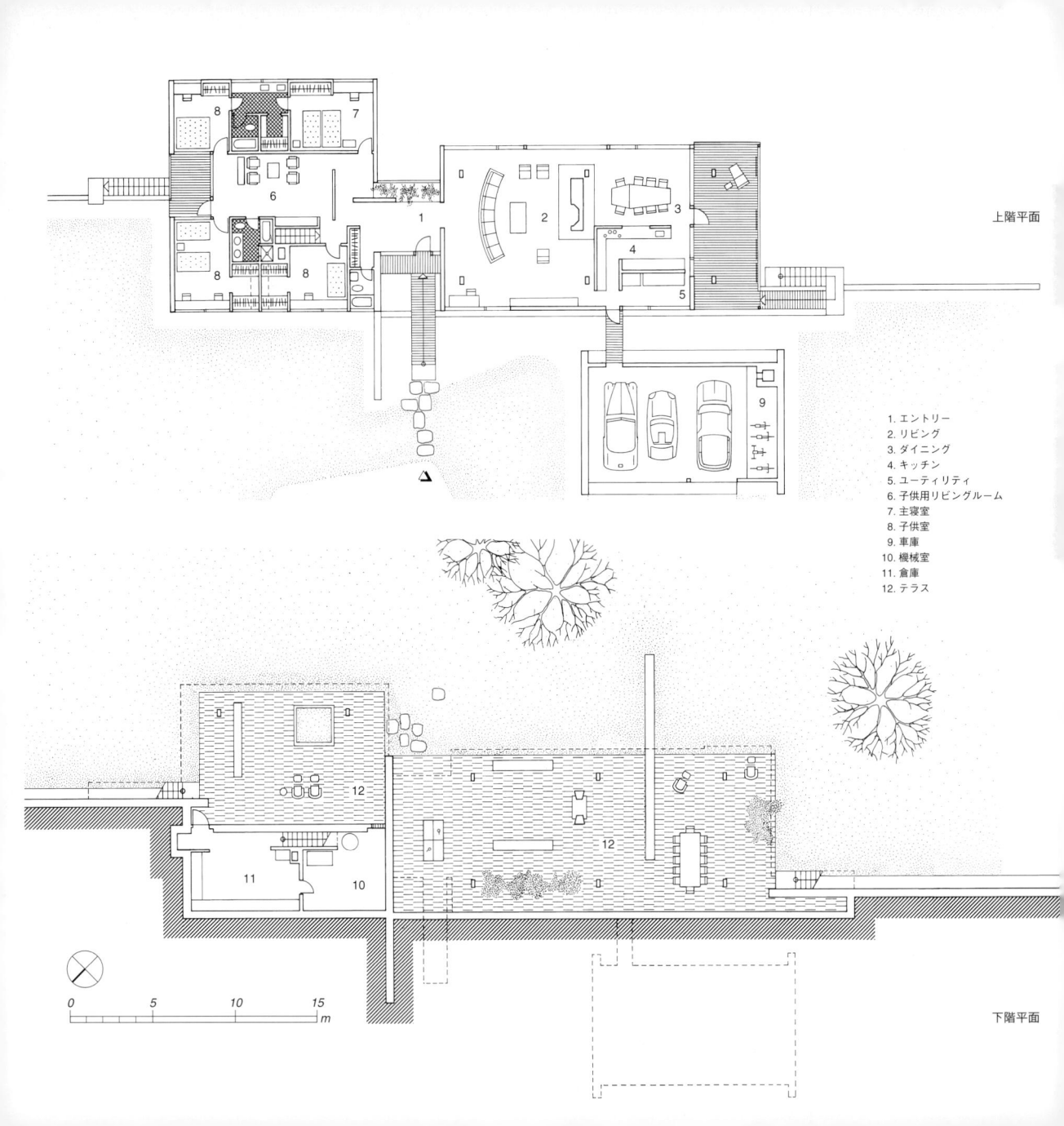

上階平面

1. エントリー
2. リビング
3. ダイニング
4. キッチン
5. ユーティリティ
6. 子供用リビングルーム
7. 主寝室
8. 子供室
9. 車庫
10. 機械室
11. 倉庫
12. テラス

下階平面

スターキー邸

ミネソタ州ダルース、1954年
約4,200平方フィート
設計：マルセル・ブロイヤー、担当：ハーバート・ベッカード

入口側からの眺め。この住宅は地面とほとんど接点がない。しかし、敷地が急斜面であることは、住宅下部とガレージ部分との隙間によって明らかになる。

photo: Ezra Stoller ©Esto

「建築構造は明確に見せるべきだ」と、1956年のタイム・マガジン誌のこの住宅に関するインタビューで、マルセル・ブロイヤーは語っている。ブロイヤーとベッカードは構造を視覚的に表現することが多いが、この住宅では構造と美学をほとんど一体とすることに成功した。この住宅は、彼らの数多い作品のなかでも設計上のユニークさがひときわ際立っている。たとえば、明解な構造システム、太陽光の制御へのこだわり、接地した部分と重力を無視したかのように軽く浮かんだ部分との間の遊び、控えめな入口側ファサードと大胆な後部ファサードとのコントラスト、そして、双核平面計画、いわゆる"バイニュークリアー・プラン"が使われている。この平面計画では、住宅をそのまま素通りして後部へ抜けることが可能となっている。

この住宅は、スペリオル湖から立ち上がる斜面上に位置する。ブロイヤーとベッカードはその地形を巧みに生かして、異なる2種類の基本構造を併存させた。彼らは、2つの異なる手法——地面にしっかり根付かせる手法と、地面を突き放して浮き上がらせる手法を好んでいた。その2つの手法を同時に試みることができるという点で、この敷地はまさに理想的なものであった。そもそもモダン住宅には定石といったものがない、つまりモダニズムではどのような形態をとることも可能だといえる。この住宅のように構造体を表に出してしまうことさえできるのだ。

この住宅は、湖側では草の茂った斜面上に片持ちでせり出し、一方、陸地側にあたる入口側ではしっかりと接地している。住宅にアプローチしていくと、入口の手前にある3台収容のガレージ棟が視野に大きく入り込む。この別棟であるガレージ棟は、2つのフィールド・ストーンの壁から成り立っている。また入口に向かって左側の寝室棟も、ガレージ棟と同様に地面に密着している。リビング棟は接地してはいないが、ガレージ棟に隣接している。このリビング棟と擁壁との間の空隙や、入口へ渡るためのブリッジから、この住宅は地面と実はほとんど関係していないということが明らかとなるのだ。この住宅にはもうひとつ、ブリッジが架けられていて、ステンレス鋼ケーブルで吊るされた構造となっている。これは、ガレージとキッチン脇の通用口を結ぶものである。いずれのブリッジも船舶デザインをモチーフとし、湖を背景とする状況設定にまさにふさわしいものである。

ガレージと住宅本体の間に生じた路地状の空間は、非常にユニークで面白いものとなった。ここは屋外のリビング・スペースでもランドスケープの一部でもない、どちらにも属さない空間なのだ。いずれかのブリッジを渡る時に、その路地の上空を横切ることになる。その瞬間、このわずかな隙間空間に、自然と建築の見事な統合を見ることができる。この住宅に入る

ブリッジを渡って入口に到達する。この住宅の浮遊性が明らかになる。もうひとつのブリッジ（ここでは見えない）は、ガレージとキッチン部分をつないでいる。屋根の積層板による大梁は、入口エリアの上を横切っている。
photo: Ezra Stoller ©Esto

下のレベルの暖炉は両側に開いており、暖炉自体の重量感を減少させ、またその空間の開放感を強調している。低いフィールド・ストーンの壁は外部との境界を示唆している。カンチレバーされた住宅を支える鉄製のピンは、地表上にほんの数センチだけ現れる。
photo: Ezra Stoller ©Esto

ためにはそれら2つのブリッジのいずれかを渡ることになるが、その経験は非常に劇的なものだ。吊橋特有のたわみ方や、本当にわずかな揺れが、忘れることのできない体感的な記憶となるのだ。住宅へどのようにアプローチするか。この問題についてブロイヤーが準備した回答は、この住宅で極限に達したといえるだろう。

入口側の立面ではスケール感とディテールは抑制を効かせた表現をとっている。しかし、構造のシステムはここでも明確に目にすることができる。また、車道がわずかに持ち上げられて、そこから住宅を見下ろすような形になっているので、アプローチ上からでも十分にその構造体を認識できる。積層板を使った木製の大梁が2本、リビング棟部分を横断している。この部分の屋根面は、大梁から鉄製ハンガーを介して吊るされている。床のフレームは、屋根側と類似した木製大梁によって支持されていて、住宅の湖側下面から目にすることができる。いずれの大梁も積層板仕上げで、これは見た目ばかりではなく、強度上の理由で採用されたものである。この積層板仕上げは、収縮膨張に対して木の動きを最小限にする効果をもつのだ。

この住宅は、構造的に見てかなり独特で大胆な構成をとっている。その技術的な特徴は、入口側から見た場合はかすかに暗示されているにすぎないが、湖側と西側ファサードでははっきりと前面に出されている。まず、この住宅全体は積層板による木製の柱によって支えられている。この柱の一番下の端部に金属製の止め具がボルト締めされ、その止め具に鉄製のピンが溶接されている。このピンは地面と柱の間のわずか数センチを支えるものだが、そのわずかな隙間に、劇的な効果が凝縮されているのだ。そのピンは基礎から基盤にまで達するように配され、わずか数本のピンで上に載った住宅全体の荷重を支えているのだが、その情景は不思議ですらある。木部が地面に達しないのは、単に構造上の面白さのためだけではない。地面から木部を分離することによって、湿気による材料の腐蝕を防ぐという目的があるのだ。

地面と空中に浮かんだ住宅の間には、間隔を広くとって配置された6本の木製柱と、低く幾何学的に並置されたフィールド・ストーンの壁、そして彫塑的なコンクリート製の暖炉のみが配されている。その暖炉の板状の形態は、住宅の水平性とバランスをとって、垂直的表現となっている。この屋外の暖炉は住宅下のテラスに置かれ、コンクリート打ち放し面をもつ小さめのものである。一方、屋内の暖炉は矩形で、びしゃん仕上げを施され、コンクリートに混ぜられた石の粒子をはっきりと目にすることができる。屋内外いずれの暖炉とも両面に炉床が設けられ、特に屋外暖炉の開口部は真正面から見るとまるで窓のように見える。この開口部は、その空間が物理的には屋外ではあるが、同時に蓋われた空間として、あたかも屋内空間のように機能しているのを象徴的に暗示している。実際、この全面的に蓋われたテラスは、ブロイヤーが屋外空間と屋内空間をまったく同等に扱って見せた、非常に端的な例といってよいだろう。さ

西側ポーチからの眺め。ひさしから上のガラス面は窓として機能している。
photo: Ezra Stoller ©Esto

南側立面は、この住宅がいかに急な敷地の上にせり出しているかを示している。日除け装置は機能性に基づいたものだが、重要な審美的エレメントになっている。
photo: Ezra Stoller ©Esto

て、このテラスはさらにその先にある芝生に向かって開放されているが、低いフィールド・ストーンの壁が境界面を示唆するように配されている。このテラスでは、床面に敷き詰められた板石の間に芝生が生育している。こうして自然が建物の敷地内に入り込むことはある程度許されているが、その空間は外的条件からはしっかりと保護されているのだ。

住宅の裏側は湖に向けて開放的に広がり、また南東にあたっているため、1年中たえず日光が降り注いでいる。この立面は全面ガラスの窓面で構成されている。ここには直射日光から保護するために2つの仕掛けが与えられている。まず、水平方向に設置された木製のひさし。これはスノコ状に組まれたもので、窓の上端よりも少し下方に取り付けられている。これは、窓の上端部に設置されたローベック邸の場合と異なる設定である。もうひとつの仕掛けは熱と光を反射するガラス製の垂直パネルで、これは屋根面より上に、ガラス窓と平行かつやや前方に置かれている。室内側から見ると、ガラス窓のひさしより上は、事実上、明窓となっている。ブロイヤーとベッカードが、何らかの装飾物を用いることはまずないが、これらの遮光装置はその機能を満たすために、結果として手の込んだデザインを見せているのだ。これは、技術的な美しさが、審美的で装飾的なものとなったことを意味するものである。この遮光装置なしには、この住宅がこれほどの視覚的なインパクトをもつことはなかったであろう。

この住宅の両端には、屋外階段に直接つながるポーチが2個所に設けられている。これらはこの住宅の量感をさらに広げる効果がある。また、そのポーチのおかげで室内外の出入りが容易になった。屋外階段自体はきわめて開放的な構成である。プレキャスト・コンクリートの段板は、石壁から片持ちで支持されているだけである。飾り気のない開放的なデザインの手すりは、踊り場以外に垂直支持材をもっていないのだ（ただし、現在の建築法規ではこれは認可されないが……）。ひとつのポーチは住宅の全幅にわたるもので、もうひとつのポーチは、どちらかといえば建物のなかに切りこまれたものである。大きい方のポーチの一面には、伝統的なバウハウスカラー、黄色、赤、白、そしてグレーからなる4枚の引き戸型のパネルが取り付けられている。それらのパネルは、レールの上を滑らせて片側に重ねておき、また、沈みゆく太陽の強い西日から遮光するために、広げておくこともできる。これらのパネルは特に目がさめるような色あいを強調している。

ブロイヤーは、初期にはこういった住宅を双核住宅と名づけ、リ

日差しを調整するための4枚のスライド式パネルをもつ西側ポーチ。ポーチに通じる階段は，石壁から片持ちで支持されたプレキャスト・コンクリート製である。

photo: Ezra Stoller ©Esto

ビング・ゾーンと寝室ゾーンを分けていたが，ベッカードによれば，後期になってからは，めったにその用語を使わなかったようだ。この住宅ではすべてのリビング・エリアは寝室エリアから分離されている。このことは，この住宅に一歩足を踏み入れるとすぐにわかる。入口のブリッジを渡りきると，そこはガラス張りのホワイエで，床貼りとしてブルーストーンの厚板が使われている。この空間では，湖側のガラス面を通した眺めから，この住宅が地面から高く持ち上げられていることに気づくことになるのだ。向かって右手に，暖炉によって分けられたリビングとダイニング・エリア，さらにその奥にキッチンと洗濯設備の置かれたエリアがある。こうしてすべてのリビング・エリアはひとつのゾーンに置かれ，一方，寝室は別のゾーンとなっている。このリビングゾーンと寝室ゾーンを分けた配置はブロイヤーとベッカードの住宅では典型的なものだが，時折，主寝室がリビング・エリアのなかに置かれることがある。その場合は，住宅を大人のゾーンと子供のゾーンに分けて使うことができるようになるのだ。このスターキー邸ではすべての寝室は同じ側に集められている。クライアントであるジューン・アルワースが若い未亡人で，3人の幼い子供の近くにいたいと望んでいたからである。(この住

住宅の東側のポーチは、家族と子供のための部屋からアクセス可能で、専用の外階段をもっている。
photo: Ezra Stoller ©Esto

びしゃん仕上げの暖炉。矩形の形態、貫通部分、彫刻的なくぼみ、そして暖炉そのものが見事なコントラストを見せている。
photo: Ezra Stoller ©Esto

宅の完成後間もなくして彼女はロバート・スターキーと再婚した)。4部屋ある寝室は、家族と子供のためのリビング・ルームの回りに配置されている。このリビング・ルームは、天窓とポーチに面するガラス面から採光している。この空間には廊下という感覚がないので、ひとつの空間から次の空間へと容易に移動できる。住宅内や住宅下部に廊下や壁を設けず、不断の広がりをもつものは、この住宅が先例となった。

この住宅は水平性を表現したものである。はっきりとした線形性と異なる要素は、かなり恣意的な曲線を使ったドライブ・ウェイである。この敷地には単純で直線的なドライブウェイを作ることもできたが、ブロイヤーとベッカードは、住宅本体の直線的な幾何学との対比を意図していた。彼らは自由に流れるようなランドスケープ上の形態を、建築物の直線性の引き立て役に使うことが多いのだ。

この住宅は大胆不敵とも言える表情をもっている。ほとんど扱いきれないような急斜面の敷地に対し、消極的な態度をとらず、その敷地の上に文字どおり立ち上がることによって挑戦を試みている。住宅の構造がはっきりと目に見えるように設計され、隠されたものが全くないのだ。そして、ポーチに設置されたカラフルなスライド式パネル、彫塑的な屋外の暖炉、さまざまなフィールド・ストーンの壁といった豊かな形態、材料、部材が使用されている。この住宅には受身なことは何もないが、一方で、過度な表現や設計の行き過ぎで慎みが無くなってしまうこともなかったのだ。

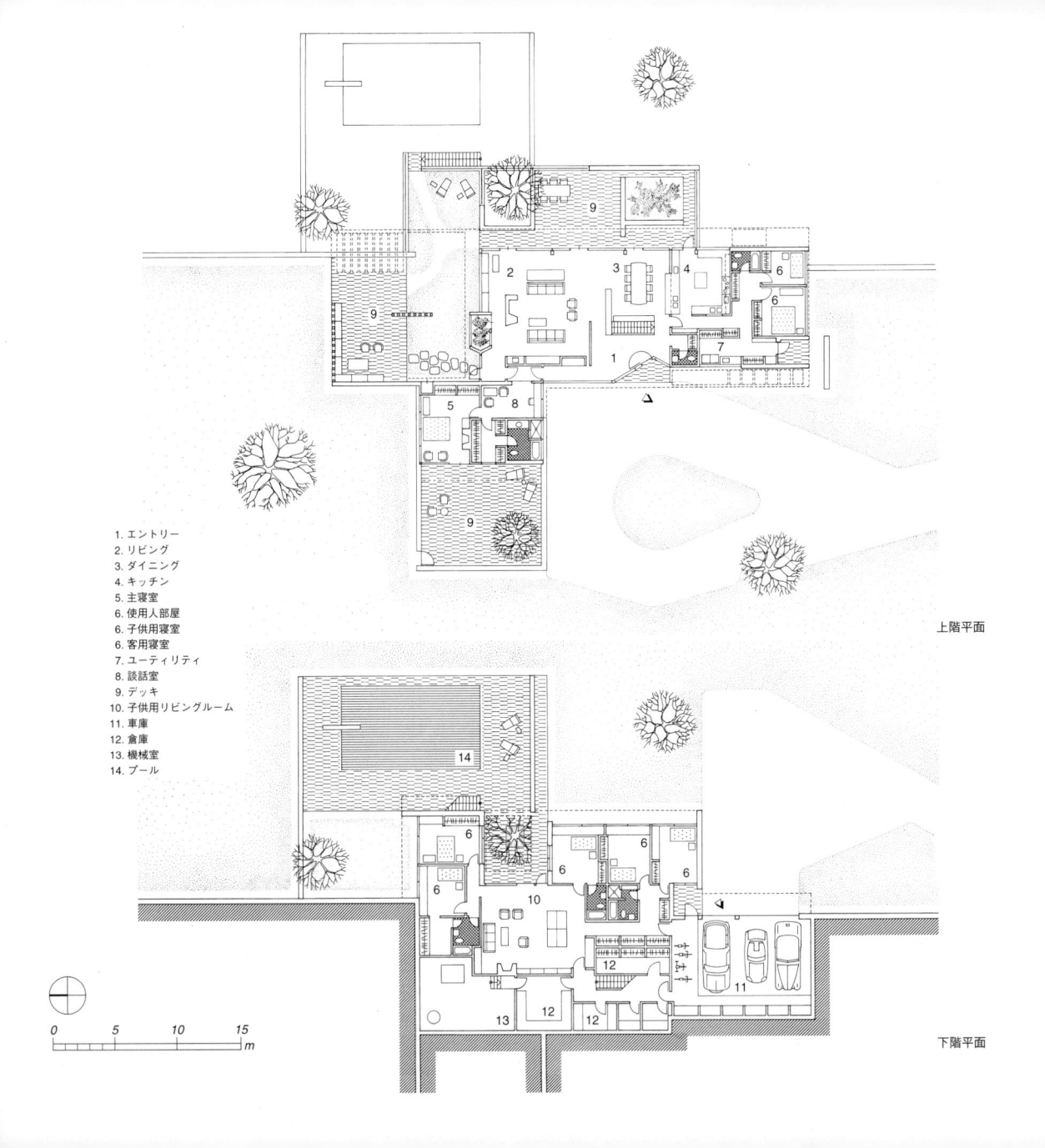

1. エントリー
2. リビング
3. ダイニング
4. キッチン
5. 主寝室
6. 使用人部屋
6. 子供用寝室
6. 客用寝室
7. ユーティリティ
8. 談話室
9. デッキ
10. 子供用リビングルーム
11. 車庫
12. 倉庫
13. 機械室
14. プール

上階平面

下階平面

第1 ガガーリン邸

コネチカット州リッチフィールド，1955年
約12,200平方フィート
設計：マルセル・ブロイヤー，担当：ハーバート・ベッカード

西側と入口側立面では，この住宅はその規模にしては控えめだが，これは施主と建築家の狙いでもあった。左側には，主寝室のコートヤードの一部を構成する壁が見える。光と影の絡み合いは，右側に見える屋根の張出し部分によって作られる。
photo: Ben Schnall

「ブロイヤーは，私たちの好みをできるだけ理解しようとしました。どういう風に暮らしたいのか。その住宅をどのように使いたいのか。また，彼は比較的小さなディテールにも気を配り，いつも検討を重ねていました。そして，そうしたなかから独創的な解決案を見つけ出したのです。彼のような大建築家が"手慣れた手法"を使わないということ自体，かなり注目に値することだと思っていました」とアンディ・ガガーリンは回想する。このかなり大きな住宅はブロイヤーとベッカードが共同設計したものであった。後の1975年になって，再びガガーリン氏の依頼でカリフォルニア州ビッグ・サーに小さな住宅を設計したが，この時はベッカードが単独で設計している。

ベッカードは，当時ブロイヤー事務所でアソシエートに任ぜられたばかりであった。「アンディとジェミー・ガーガリン夫妻は設計プロセスにかなり積極的に参加してきた」とベッカードは言う。この住宅はベッカードがはじめて全面的に任せられたプロジェクトであった。ベッカードは自らこの住宅の基本設計図を作成し，ブロイヤーとともにクライアントにプレゼンテーションをしたが，若かったこともあって，それらの図面が"完璧だ"と強い自信をもっていた。また，ブロイヤーはその設計案を全面的に支持していた。さて，その原案ではリビング・ルームを抜けて主寝室に行くようになっていたが，クライアントは，もっとプライバシーを確保できる経路が望

ましいと言っていた。それを聞いた時に，ブロイヤーはためらうこともなく，メイン・エントリーを拡張するような一本の斜めの線を引いた。そうすることによって，新しい廊下部分が付加され，入口の立面も変わることになった。最初，ベッカードはその変更が腑に落ちなかった。自分の完璧な平面計画に手を加えられてしまったと思ったのだ。しかし，その時ベッカードは伝統的なブロイヤーの臨機応変さを目の当たりにした。ブロイヤーは，この変更のようなかなり大掛かりなことでも，こともなげにこなすことができたのだ。ベッカードがその時に学んだことは，建築家は姿勢が柔軟で，一見不利なことを有利なことに変えて見せる余裕がなくてはならない，ということであった。ブロイヤーがそのように平面計画を変更したことで，正面エントリー部分に角度のついた要素が生じることになり，結果的にこの住宅に独特の表情をもたらすことになった。

この住宅に移る以前，ガガーリン夫妻は伝統的なジョージ王朝様式の住宅に住んでいた。その住宅と比べると，このモダン住宅は連続ガラス窓をもっているため，その先に広がる丘陵を切れ目なく見渡すことができる。この明らかな違いは，クライアントに心が踊るような体験を与えた。まずブロイヤーとベッカードは，屋外と屋内をできるだけ違和感なく連続させた。そのために考えられた設計要

角度のついた入口は、この住宅の直線的な単調さをうまく崩している。
photo: Ben Schnall

素には、いくつかの複合的なテラス、コートヤードがあるが、リビング・ルームの一角を構成する小さな屋内温室も見逃すわけにはいかない。この住宅は、その規模の割にはそれほど大きくは見えないこと、特に訪問客が到着する際に圧迫感を与えないことを、クライアントは一番評価していた。それに加えて、住宅の手前側から見たときに、住宅越しの眺望をさえぎらないという効果もあった。この住宅はガガーリン一家が実際に日常的に暮らすために建てられたものなので、4人の幼い子供のための空間をどのように扱うか、十分に考える必要があった。また、大人のプライバシーを守りながら、同時にたくさんのの来客をもてなすことができるように設定されていた。入口側から眺めると、この12,200平方フィートもある大型住宅は、その大きさのわりにずっと控えめに見える。ところが丘の下側に回って見上げると、この住宅がかなり大きな2階建ての建築物で、がっちりしたテラスと、ランドスケープのなかに消えるように続くフィールド・ストーンの壁をもっていることがわかるのだ。この住宅は、堂々としてしかも優雅な水平性を見せている。

ブロイヤーの鉛筆が引いた1本の線によって、主寝室のスイートははっきりと独立した棟となった。この主寝室は大きめの専用コートヤードをもち、その手前には談話室兼書斎があって、浴室とドレッシング・エリアにも通じている。ドアを閉じると、この別棟部分は入口ホワイエから完全に分離される。その向かいにあるもうひとつのドアは居間につながっている。その先にあるもうひとつのドアは、芝生が一面に植えられたテラスにつながっている。

主寝室棟の他に、1階にはあと2つのゾーンがある。ブロイヤーとベッカードによる住宅設計では、リビングとダイニング・エリアは、キッチンもあわせてひとつの広い空間として扱われることが多い。しかしこの住宅の場合、キッチンは隔離され、2つのメイド部屋、食

後部では、この住宅は2層建てである。両側のフィールド・ストーンの壁が、敷地に沿って住宅を拡張している。屋外階段の段板は、フィールド・ストーンの壁からカンチレバーされている。

photo: Ben Schnall

北側立面。階上のテラスは、実際は1階レベルの屋根である。自立する木製スクリーンは、支持材としての機能と、戸外の"部屋"を示唆する壁でもある。他の住宅と同じように、このプールは、中心となるリビング・スペースからは直接見えない所に配されている。

photo: Ben Schnall

料品室、洗濯室、および貯蔵施設とあわせて、事実上の別棟側に位置している。また、この住宅は丘の斜面に建っているので、下のレベルでも再び地面と同じ高さになる。この下層部には4人の子供用の寝室、来客用のエリア、そして子供用のプレイルーム兼ファミリールームが配置されている。ブロイヤーとベッカードによる住宅の多くで、このプレイルーム兼ファミリールームは動線の一部としても機能し、たいていの場合、住宅の外部には面しない位置にある。しかし、この住宅では、コートヤードまたは水泳プールに直接出ることができる。

この住宅の内外装仕上げは、材料の組み合わせや配置関係がとても豊かなものとなっている。入口付近、主寝室棟に通じる廊下部分、そして居間の一部の床仕上げには煉瓦が使われている。残りの部分の床仕上げはチーク材であるが、色調がうまくコントロールされ、床仕上げの切り替えはそれほど目につかないように処理されている。また、リビングとダイニング・エリアの上部には構造ビームが露出しているが、チーク材による仕上げが施され、実際の構造体である鉄材は見えなくなっている。天井は、粗い素材感をもった濃茶色のコルク仕上げで、屋外にある軒の張り出しの下面にまで及んでいる。このように空間の内外に同じ素材が使われた結果、住宅内部と外部に一貫した共通性が生まれている。

角度をつけられた入口周辺を除けば、内部平面は厳格な線形で構成されている。そのなかで、自立した暖炉のみが自由な形態をとり、かなり大胆な彫刻的表現を見せている。階段の手すりもまた、抽象的かつ幾何学的な切り込み部分に組み込まれている。ブロイヤーのロビンソン邸(1947年)の暖炉と同じように、このガガーリン邸の暖炉は完全に独立した形で空間に置かれている。その先には切れ目のない連続ガラス壁を通して敷地への展望が開けている。こうして暖炉は彫刻的な存在となり、透明なガラス面を背景に、密度のある存在感を強調している。暖炉のもつ煙道は2つに分岐して、かなり恣意的な曲線を描いている。その2つのうちのひとつは、下階の子供用リビング・ルームの暖炉から排煙するためのものである。このような、まるで樹木のような暖炉を

北側テラスでは、大型の開口部を抜けて大木が伸びている。ここは座るのにちょうどよい高さのフィールド・ストーンの壁、そしてチーク材の握り手をもったステンレス製の手すりで囲まれている。右に見えるリビング・ルームの北東のコーナーは、ブロイヤーとベッカードの作品にはめったにないガラスのコーナーとなっている。しかし、ガラスだけではなく、チーク木で仕上げされた構造上の柱が置かれている。
photo: Ben Schnall

かなり恣意的で自由な形態の暖炉は、小さな屋内温室とガラス壁の前に独立して立っている。
photo: Ben Schnall

作るには、コンクリートを流し込む木の型枠の精度を、ある程度高める必要があった。このかなり粗いびしゃん仕上げのコンクリートは屋内温室の壁面にも使われている。この温室は暖炉の真後ろに位置している。

　この住宅では外装仕上げ材が複合的に使われている。太陽光制御装置、テラス、そしてソリッドな平面とガラス面が構成要素となっている。各立面のデザインはさまざまだが、構成上は一貫している。外部仕上げのデザインの多様さに比べて、わずか4種類の材料で成立している事実は注目に値する。材料は、地元産のフィールド・ストーン、ペイント仕上げの煉瓦、同じくペイント仕上げの木製ボードと木材、そしてガラスである。各ファサードは限られた種類の素材を組み合わせて、全体として複雑な結果となるように扱われているのだ。

　この住宅を含むブロイヤーとベッカードの数多くの住宅では、ガラス面とソリッドな壁面の組み合わせ方と、接合面の扱い方が強調されている。ガラスにせよソリッドな形態にせよ、ひとつの面を構成するにはひとつの素材だけを用いる傾向が強い。コーナーを同じ素材の2つの面で形作ることはめったにない。これは、ブロイヤーとベッカードによる住宅の事実上の基本原理であった。しかし、ここではリビング・ルームの隅に珍しくガラスのコーナーがあり、チーク材で囲まれた主柱が2つ、暖炉の後ろに位置するガラス面を分割している。

　北側テラスでは、構造上の必要性に基づいていくつかの面が追加されている。ここでは屋外部分は戸外の部屋として機能する。特に、木製の仕切り壁が工事中の住宅の構造骨組みを連想させるので、室内空間のような感覚をもたらしているのだ。屋根面の延長部分を支持するために、隙間だらけの壁状の支持材を設けてある。通常の柱やソリッドな壁の代りにスタッドだけを並べているのだ。これは示唆的であると同時に機能的な形態でもある。これらの壁は空間を定義し包み込むものだが、他のブロイヤーとベッカードによる住宅と比較しても、その透明性が空間の内外に強い相互作用をもたらしている。

　前後両ファサードには、道路に面した部分も含めて、日除けが設けられている。日差しの強い日には、日除けとそこに開けられた開口部による影の動きにあわせて、ファサードの表情が刻一刻変化していく。入口に向かって右側では、窓の直上にあたる部分の日除けはソリッドなものであり、逆にソリッドな壁の上部では、スノコ状のものが取り付けられている。こうして必要なところにひさしを設けると同時に、屋根のラインを保っている。ソリッドなひさし、そこへの切り込み、そして落ちた影が交互に織り成す様は、ブロイヤーとベッカードの与えた一番の装飾とい

ダイニング・エリアから入口方向を見る。インテリアは、暗めのコルク製天井、チーク材と煉瓦のフロア、そしてチーク材に囲まれた構造梁を特徴としている。正面に見える作り付けの収納ケースが入口エリアからダイニング・ルームを分離している。これがなければ完全に開放的で素通しの平面計画となる。
photo: Ben Schnall

ってよいだろう。
　もうひとつのテラスはリビングとダイニング・エリアから直接出たところにあって、床面はブルーストーン仕上げとなっている。ここは階下から見ると屋上部分にあたる。このテラスに立つと、プールやさらにその先に広がるこの地方特有のなだらかな丘を見渡すことができる。また、このテラスに開けられた大きな切り込みを抜けて、大木が空に向かって伸びている。この木は十分に検討して選ばれたものである。また、フィールド・ストーンの壁と優雅なチーク材の手すりが、このテラスの一部分にめぐらされている。背の高いフィールド・ストーンの壁が地面に置かれ、いっきにそのまま伸びていって、かなたに消えていく。階段は、フィールド・ストーンの壁から片持ちで支持された段板だけのもので、プールに通じている。

このシンプルで力強い階段、そしてミニマリストの彫刻のような手すりには、ブロイヤーが若い頃に家具デザイナーとして見せた、見事な腕前を垣間見ることができる。ブロイヤーはこの階段のデザインを繰り返し多くの住宅に用い、あたかも自らの標準仕様のように扱っていた。そのプールの南側に立てられた壁は、街路からのプライバシーを確保する役目を担っている。1958年、彫刻家のコンスタンチノ・ニヴォラはこの壁の両面にグラフィティ作品を制作した。それはガガーリン家の歴史を詳しく語るものであった。まず煉瓦を暗めのプラスター層で覆い、それが乾燥した後、白色プラスターを塗布した。まだプラスターに湿り気が残っている段階で模様や形態を切り込んでいって、下地にある暗いプラスターを露出させた。さらにフレスコに近いテクニックを使

って着色した。
　これほど大きく、長さのある住宅があまり派手に見えないことは、この住宅の大きな特徴といってよいだろう。この住宅の配置は、大まかに言えばコートヤードとテラスによって接続された2つの長方形から成り立っている。その外観はかなり複雑なものとなっているが、その複雑さを十分に許容している。材料が統一感をもっており、各要素自体にうまく抑制が効いているのだ。材料の組み合わせは確かに煩雑だが、その相互関係と全体の形態は実に巧みに扱われている。構成要素が非常に多岐にわたるにもかかわらず、そのなかに簡素さと適合性をはっきり表現しようという、ブロイヤーとベッカードの強い思いが現われているのだ。

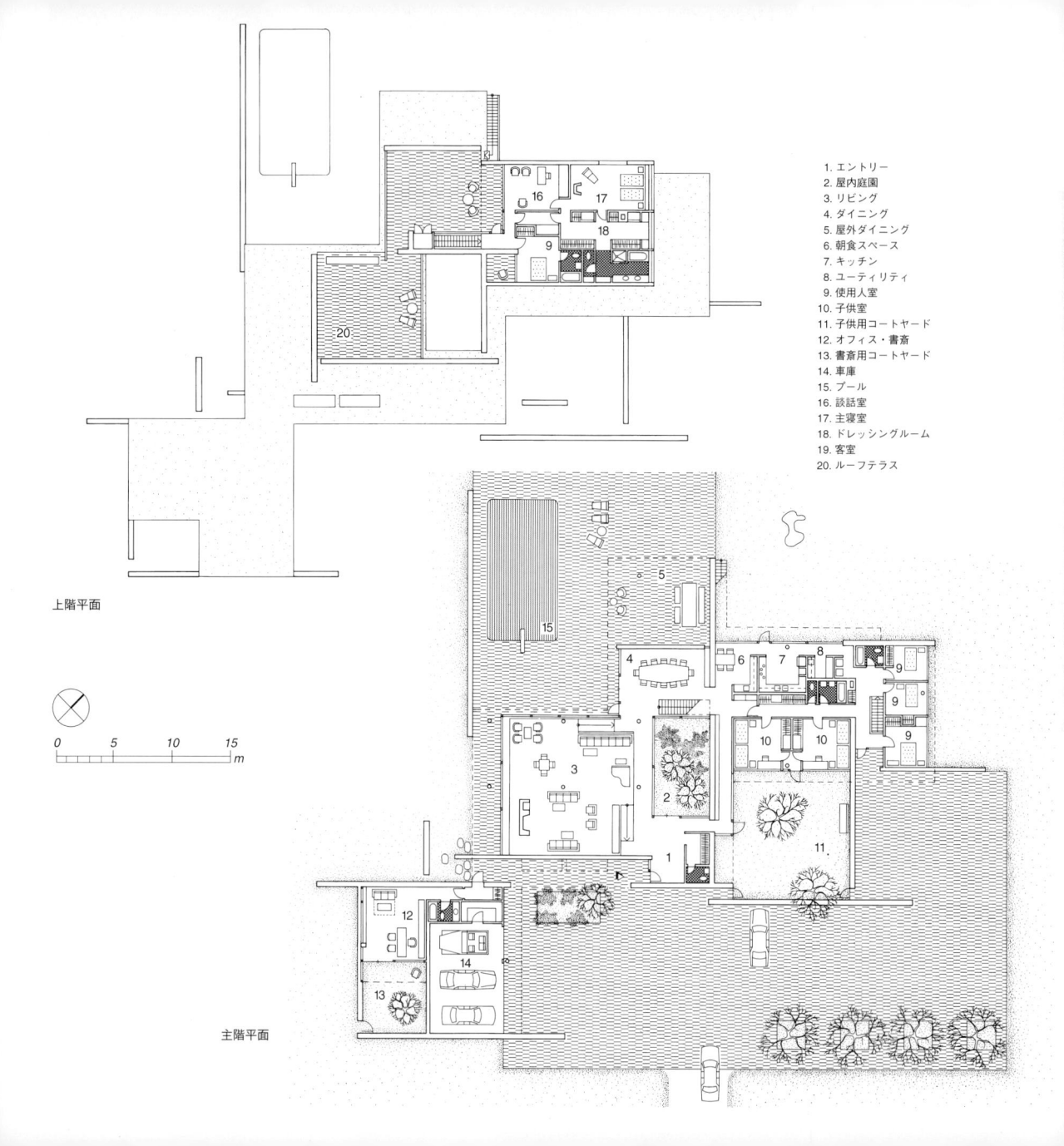

1. エントリー
2. 屋内庭園
3. リビング
4. ダイニング
5. 屋外ダイニング
6. 朝食スペース
7. キッチン
8. ユーティリティ
9. 使用人室
10. 子供室
11. 子供用コートヤード
12. オフィス・書斎
13. 書斎用コートヤード
14. 車庫
15. プール
16. 談話室
17. 主寝室
18. ドレッシングルーム
19. 客室
20. ルーフテラス

上階平面

主階平面

スターリン邸

スイス・チューリッヒ　1957年
約9,000平方フィート
設計：マルセル・ブロイヤー、担当：ハーバート・ベッカード、スイス側担当：エベンハード・アイデンベンツ

南立面では、その入口は隠されているように見える。これは、ブロイヤーとベッカードが頻繁に使う手法である。アプローチ側からは、この住宅はスタッコと石材による平行に置かれた平面群の重なりとして見えてくる。影は、屋根面にあいた切りこみから投射されている。

photo: Bernhard Moosbrugger

全面ガラスの壁とソリッドな形態、水平面と垂直要素、均衡と非対称性、伝統的な丸石の舗道とやや粗めのコンクリート仕上げ、幾何学的なプールとその先にある広がりのある湖面、人工的なランドスケープとその背景にあたる樹木の茂った丘。この住宅では、こういった対立関係の並置について、十分に検討が重ねられている。その結果、いろいろな角度から眺めても、住宅の全貌を捉えることは容易でない。異なる視点に立つと、まったく異なる住宅に見えるのだ。また、内部の平面計画は、自由な流れをもち、何らかの形式にとらわれるものではない。空間は変化に富み、刺激的で、思いがけない工夫の数々に驚かされる。この敷地はチューリッヒでは桁外れといってもよい、3エーカーもの大きさがあり、チューリッヒ湖や周辺の森への眺望をもっている。クライアントがかなり大型の住宅を考えていたため、ブロイヤーとベッカードは、材料、量感、そしてファサードのデザインを十分に展開することができた。しかし、「結果的にかなり複雑になって、いたるところでディテールの問題を解決することになった」と、1962年のインテリア・マガジンが行ったこの住宅に関するインタビューでブロイヤーは述懐している。

ブロイヤーとベッカードが1950年代半ばにこのスターリン邸を設計した頃は、ちょうどブロイヤー事務所がヨーロッパで盛んに仕事をしていた時期にあたる。ブロイヤーは、バーナード・ゼルフスおよびピア・ルイジ・ネルヴィと協働して、パリのユネスコ本部プロジェクトを設計していた。そのほかに、ロッテルダムのデ・ビジェンコーフ百貨店、ハーグの米国大使館、そしてアムステルダムのオフィスビル計画にもあたっていた。そういったプロジェクトに恵まれて、ブロイヤーはヨーロッパへ頻繁に出かけるようになり、結果的に、ヨーロッパにクライアントを得る機会が増えていった。この住宅のクライアントである、ビル（ウィリー）とマリアナ・スターリン夫妻にもそのような時期に出会ったのだ。また、同じ時期にヨーロッパに建てられた住宅では、スイス、ラゴ・マッジョーレのケルファー邸もよく知られている。当時、このスターリン夫妻を含めて、チューリッヒのモダン建築ファンの間ではブロイヤーはすでに有名人であった。少し遡って、1935年にブロイヤーがアルフレッ

西側立面は、この住宅の実際の主要な眺めである。地上階部分は、比較的天井高が高いが、主寝室と客室を含む上のレベルによって覆われている。右側に見える石壁は、独立した個室棟である。
photo: Bernhard Moosbrugger

北側立面では、特大の窓が主寝室を示している。屋外階段は、上のテラスから地面レベルにまで至る。
photo: Bernhard Moosbrugger

ド・ロスおよびエミル・ロスと共同設計したドルダータル・アパートも高い評価を受けるものであったが、その共同住宅には、戸建住宅のような空間の扱い方と配置計画、十分な開口部をもつ壁面、露出された柱といった設計上の特徴が見られた。その時に使われた露出された柱とスタッコ仕上げは、このスターリン邸でもう一度日の目を見ることになる。ちなみにドルダータル・アパートは、チューリッヒの重要建築物として現存している。

さて、スターリン邸で使用された壁面材料は大きく分けて3種類あったが、アプローチから入口にかけては石材とスタッコが主に使われ、この住宅の重厚な表情を見せている。ところがいったん屋内に入ると、空間は開放感にあふれるものとなる。ソリッドで量感のある形態は、コートヤード、テラス、2つの寝室を含む垂直的要素で切り開かれている。アメリカではスタッコを住宅に用いることは稀だが、ヨーロッパ、特にスイスでは住宅用建築資材としてよく用いられるものである。ブロイヤーとベッカードは、切り込まれた入口部分にスタッコの壁を用い、さらに軒の部分に開口部を設けた。すると、開口部を抜けた日光が壁に矩形を映し、時間が経つにつれて移動し、時間の移り変わりを劇的に映し込むこととなった。こうして、二度と同じものがない、時間軸に沿った装飾を日の光がもたらしているのだ。正面と南側立面は主に石材で構成されている。ここでは、高さ1.95メートルの石壁の上に、その先にあるガラス壁が少しだけのぞいている。エントリー・アプローチは、通り側からのプライバシーを確保するため、ひとつだけ開けられた窓状のものをのぞいて開口部が全くないが、それでもなお人を招き入れる雰囲気を醸し出している。ひとつには、ドライブウェイに用いられた、ヨーロッパではよく見かけるうろこ状の花崗岩による舗装が雰囲気を和らげているのだ。また、さまざまな高さの石の壁が平行に配置され、いくつものリビング・スペースとさまざまな仕掛けをもったこの住宅に広がりを与えながら、人を招いている。

この住宅は水平方向に大きな広がりをもつので1階建てのように見えるが、主寝室スイートとゲスト用の寝室は2階部分に位置している。敷地の広さからすると、1階建てとすることも十分可能であったが、この2階部分は浮遊感をもたらし、さらに眺望が得られるという利点があった。また、ブロイヤーとベッカードが好む、非対称性から生じる躍動感を生み出し、住宅全体の量感にメリハリをつけている。2階を設けたために地面からやや遠ざかったが、この住宅の地面に根を下ろした印象に変わりはない。

2階部分に設けられた大型テラスの面積は、室内部分の合計よりも大きくなっている。この部分には専用の出入口が備えられ、段板だけで構成された外付け階段を使って、直接プールと庭に下りることができるようになっている。こうして、1階のリビング・ゾーン、キッチン、寝室、さらに専用コートヤードをもつ別棟の個室、そしてこの2階部分に、それぞれ独立した屋外へのアクセスが確保された。さらに、屋内コートヤードのガラス壁に面して内部階段がそっと置

西側ファサードの詳細
photo: Bernhard Moosbrugger

この建物に使われた素材のすべてを入口部分で目にすることができる。丸石、スタッコ、粗い石、そしてコンクリートの天井面に残った板材の跡。
photo: Bernhard Moosbrugger

かれている。また、リビング・ルームは床面が45センチ沈下させてあり、2本の短い斜路でそこに下りるようになっている。この部分は床面が低いため、他の部分とは異なり窓枠は床面に達していない。クライアントは美術品のコレクションに熱心で、ヘンリー・ムーアの作品を8点所蔵している。この床面より少し高い窓枠部分は、腰掛けとしてだけでなく、彫刻展示の基壇としても理想的なものである。

メインリビング・スペースは、プライベートな屋内庭園が焦点となっている。その小さな庭園があるおかげで空間にスケール感が与えられ、窓の外に見える自然と絶妙なコントラストを見せると同時に、室内空間の境界面を視覚的に広げる意味合いをもっている。自立した暖炉はコンクリートのびしゃん仕上げで、この空間のもうひとつの視覚的な焦点となっている。また、2部屋ある子供用の寝室は大きなコートヤードに面し、子供たちの遊び場が考慮されている。弁護士であるクライアントは、子供の安全を確保するため、子供用の寝室を住宅のかなり内側に配置したいと言っていた。そのコートヤードは、安全のための緩衝装置としても機能している。こうして、この空間はプライベートかつ安全なものとなった。

リビングとダイニング・エリアからは、小さなコートヤードとチューリッヒ湖への眺望が得られる。一方、プールはほとんど見えないように配置されている。プールは他の部分とは分けて扱う必要があるが、特に冬季にカバーがかけられたプールは、見た目に魅力的とは言い難いものだ。そのため、ブロイヤーとベッカードは、プールを住宅の近くに配置しながら、視界の中心には入らように気を配っていた。

屋内天井面の仕上げは、屋根の張出し部分やひさしの下面と同様にコンクリート打ち放しである。

プールは完全に見えないわけではないが、チューリッヒ湖への展望には全く干渉しない。
photo: Bernhard Moosbrugger

内部階段は、屋内庭園のガラス壁に沿って立ちあがっている。この階段デザインは両建築家独特のデザインのもので、石のスラブが金属の横木で支持されている。蹴込板がないので、はっきりとした透明感をもっている。
photo: Bernhard Moosbrugger

ここではコンクリートは、注意深く組みたてられた木製の型枠に流し込まれ、はっきりと木目が残っている。床面の仕上げも独特なもので、地元産の花崗岩を粗面仕上げで用い、破れ目地で配置している。

内部平面計画に関して、ブロイヤーとベッカードは壁量をできるだけ減らして、空間に大きな広がりをもたせようと考えた。そのため、リビング・ルーム、ダイニング・エリア、台所、子供部屋のひとつ、そして使用人部屋に、自立したコンクリートの柱が置かれたが、それらの柱はびしゃん仕上げで、表情豊かなものとなった。それらの柱は、この住宅の構造と形態を明らかにする上で、非常に重要な働きをしている。結果として、この住宅全体にまるでパビリオンのような広がりがもたらされた。薄いグレーのコンクリート、暗めの花崗岩、青みがかったグレーの切り石、白いスタッコ。これらの素材の自然な色彩は、家具調度品の選択に大きな自由度を与えている。実際に、この住宅では、ルイ14世様式の椅子を、灰色の花崗岩で特別にあつらえたダイニング・テーブルに合わせるほどに、家具調度品の許容範囲が広くなっている。

この住宅は、規模としてはかなり大きいが、構成としてはきわめて控えめである。材料は基本的なものばかりで、極力地元産の、抑えた色合いのものを選んでいる。空間は、一家族に合わせたスケールで考えられている。はじめに敷地条件の豊かさがあって、建築家がそれをうまく生かすことができたので、スターリン邸には本当の意味での質の高さが備わっている。各部屋は、住宅全体の枠組みのなかに収まりながら、それぞれに素晴らしい眺望をもち、境界面のな

ダイニング・ルームからはチューリッヒ湖への息を呑むような展望が開ける。ルイ14世様式の椅子は、ブロイヤーとベッカードがデザインした花崗岩のダイニング・テーブルにうまく合っている。
photo: Bernhard Moosbrugger

い生活空間を示唆している。この住宅は、その多様さほどには複雑ではない。屋根面の張出しによる軒、伸びていく石壁、コートヤード、テラス、そして階段といった要素で構成された空間は、それぞれに独特なものとなっている。徹底してバラエティーに富んだ表現は各立面にはっきりと現われているが、この住宅は設計上なんら制限を受けず、その意味で完全にモダンなのである。

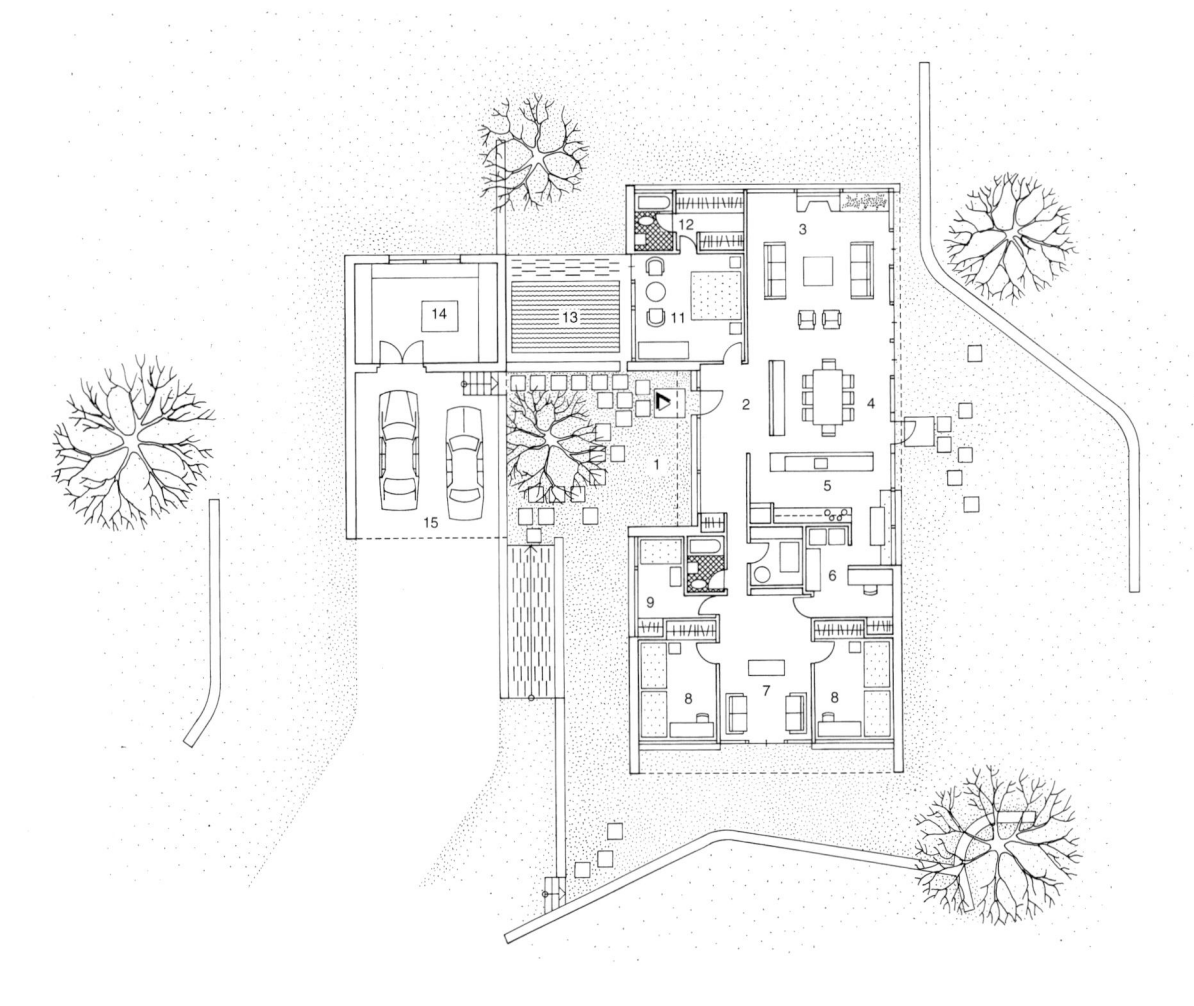

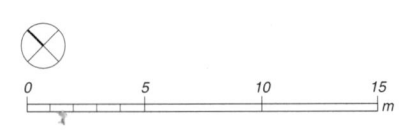

1. エントリーコート
2. エントリー
3. リビング
4. ダイニング
5. キッチン
6. ユーティリティ
7. 子供用リビングルーム
8. 子供用寝室
9. メイド部屋
10. 機械室
11. 主寝室
12. ドレッシングルーム
13. 池
14. 工作室・倉庫
15. 車庫

ラーフ邸

マサチューセッツ州アンドーバー，1957年
約3,200平方フィート
設計：マルセル・ブロイヤー，担当：ハーバート・ベッカード

ランドスケープ・アーキテクトのダン・カイリーと共同設計した入口の斜路は，丸石，芝生，そして花崗岩で構成され，低いフィールド・ストーンの壁で縁取られている。その斜路は，魅力的な，芝生の生えたコートヤード入口エリアへと導かれていく。

photo: Ben Schnall

ガラスと石。これらの素材は本来相反する性質をもっている。ブロイヤーとベッカードの住宅では，その対比関係が徹底的に利用されている。ラーフ邸では素材のコントラストのつけ方や並置の仕方は非常に洗練され，それまでの住宅と比べても予想が難しいものとなった。ここでは，石が石に対してコントラストをもち，一方で，ガラスに強さが与えられ，大規模でソリッドな壁との対比のなかで，効果的に使われている。

ブロイヤーとベッカードによる，石，スタッコ，そしてガラスを使った住宅では，あるひとつの面を構成するのはただ一種類の素材に限られ，その素材の仕上げ方も，その面に関しては単一のものを用いることが多い。ラーフ邸では他の住宅と異なり，フィールド・ストーンの壁の大部分で，同じファサード上でも異なる仕上げが並存している。一部は自然のままで残され，残りはペイントによる白塗り仕上げとなっている。また，立面のいくつかは窓を含んでいる。この住宅は1960年の"レコードハウス"に指定されたもので，その際のアーキテクチュラル・レコード誌によるインタビューのなかで，ブロイヤーは次のように語った。「私の作品は，相反する概念を合わせて統一感を生み出す点に，本当の独創性があるのだ。つまり，妥協点を探すのではなく，統一点に達することに意味があるのだ」。この住宅で使われた自然の色彩のフィールド・ストーン，白ペイント仕上げの石，そしてガラス板は，それぞれの特性を保ちながら相互作用を及ぼし合い，結果として均衡点に達している。

ブロイヤーとベッカードがこの住宅の設計にとりかかった段階から，石を白ペイント仕上げすることが考えられていた。ベッカードによれば，これは地中海およびアドリア海周辺の，ギリシャやイタリアの住宅に対する憧憬に端を発したものであった。その地域では，石材は白に塗られることが多いのだ。さて，石を白ペイント仕上げすることによって，モルタル・ジョイントと石の関係は異なったものとなる。というのも，石材とモルタル・ジョイントとの間にはっきりとした色の違いがなくなるからだ。結果として生じるものは，ジョイントによって識別される個々の石ではなく，一貫して強力で，強めの凹凸がついた，特異なテクスチュアである。ブロイヤーとベッカードは煉瓦やコンクリートブロックを白ペイント仕上げしたことはあった。その例としては，パック邸増築計画，カックマーキーパック邸，ガガーリン邸，サラ・ローレンス・カレッジのアートセンター，ヴァッサー・カレッジのフェリーハウス寮などがあげられるが，石材には手を加えたことがなかった。しかし，ラーフ邸における石の白ペイント仕上げは，すべての石材に施されたわけではない。2.4メートルある背の高い壁はすべ

入口では、この住宅の二律背反的な壁の使い方を直ちに認識できる。白塗りペイント仕上げされた石に対して自然の石、ガラス面の大きな広がりに対して、完全にソリッドな壁。
photo: Ben Schnall

て白く塗装されているが、窓の高さより低いもの、あるいは庭に配されたものは、無塗装の自然のままとしている。

クライアントであるジョージとマリアン・ラーフ夫妻に、石を白ペイント仕上げする審美的メリットを説明し納得させることは、ちょっとした挑戦であった。すべての壁の配置が終わった時点で、ラーフ氏が塗装を止めさせようと、最後の最後まで抵抗していた姿をベッカードは覚えている。ブロイヤーとベッカードは、それが設計上のカギとなるコンセプトであること、そして設計の要となることを何度も説明して、とうとうラーフ氏の首を縦に振らせてしまった。結果的には建築家側が説得に成功したわけだが、この住宅が完成した時には、ラーフ氏はその結果に大いに満足していた。

地中海の緊張感と、何世紀にもわたる建築的伝統がこの住宅に呼び起こすイメージを保ちながら、ランドスケープ・アーキテクトのダン・カイリーは、さらに入口のコートヤードと斜路を発展させて、一種の格式をもったアプローチを与えた。ブロイヤーとベッカードはダン・カイリーと数多くの共同設計を行ったが、このプロジェクトはその最初にあたるものであった。幅の広い、緩やかな斜路は、低いフィールド・ストーンの壁で縁取られている。一方、斜路の表面は、丸石、芝生、そして細かく割った花崗岩で構成されている。この登りながらアプローチする入口は、緑に恵まれた、起伏の豊かな5エーカーもの規模がある半郊外の敷地にふさわしいものとなった。このアプローチは、廃墟あるいは古代を想い起こさせるのだ。この手法は、その後ベッカードが他の住宅でさらに展開を試みたもので、ブラッティ邸のゲスト棟、シュワルツ邸のドラマチックなポーチと入口階段がよい例であろう。

その斜路を登ると、この住宅のなかでも最も高い位置に達し、そこから広いコートヤードのあるエントランスエリアに入っていくのだ。カーポートと倉庫を含む別棟は、わずかに低い位置に留まっている。ニューカナンの第2のブロイヤー邸が、ラーフ氏が建築家を選択するにあたってのインスピレーションの源となったのは確かだが、この住宅ではさらに多くの貯蔵スペース、木工作業所、そしてガレージが必要であった。

斜路に沿ったきわめて線形的な壁と、主寝室のコートヤードとエントリー・コートヤードを分けるもうひとつの目隠し壁を除いて、擁壁、庭壁、その他の壁は、本質的に自由に流れるような形態である。ここではランドスケープの一要素のように扱われていて、そのため塗装もされていないのだ。曲線を使った、感覚的な形のこれらの壁は、住宅本体の純粋な幾何学ときわめて対照的である。これは、ひとつの要素のために他の要素が妥協してはならない、というブロイヤーの考え方にかなうものであった。1963年、ブロイヤーはミシガン大学で行った講義のなかで、その考え方について語っている。「われわれは、いま、激しい移り変わりの流れにいるのだ。透明なだけの建築から透明性とソリッドな

左側，南側立面上の自由な流れのあるフィールド・ストーンの壁は，住宅本体の線形な幾何学と見事に対照的である。床から天井までの高さのあるガラスの引き戸は，ダイニングとリビング・エリアを屋外につないでいる。

photo: Ben Schnall

要素をあわせもったものへ，また，線形な純粋さと同時に塑性をもったものへ。建築はコントラストを統一し，語彙の豊かさを見せるものなのだ。」

やや格式ばった屋外エントリーコートを通り抜けて入口部分に至るが，この部分の室内空間はやや広めに設定され，訪問者が各部屋に入る前に一息おくようになっている。この住宅の平面計画の構成は，ニューカナンの第2のブロイヤー邸に類似している。主寝室エリアには入口からすぐにアクセスできるので，ここですでに大人の領域と子供の領域を分けることになる。廊下は，これら2つの明確に分かれたゾーンをつないでいる。エントリーエリアと，リビング・エリア内の暖炉の後ろにある壁には，窓枠が目の高さにある水平連続窓が与えられている。この開口部は，視覚に変化を与えるとともに，暖炉部分の壁面線を保つという意味もある。ブロイヤーはニューカナンの第2の自邸にも同様の壁を用いている。この窓は壁のソリッドな印象を弱める効果に加え，機能的にも配置的にも，ちょうど明窓のように働いて，プライバシーを保ちながら採光することを可能とするのだ。

開放されたリビング・エリアとダイニング・エリア，そして少しだけ離されたキッチンへのアクセスは容易である。子供の寝室と来

リビング・エリアからダイニング・エリアを見る。床から天井までの本棚が、入口からダイニング・エリアへの視線をさえぎっている。台所は低いシンク・ユニットの陰に置かれているが、実質的にリビング・ダイニング・エリアに含まれている。
photo: Ben Schnall

客用寝室は，中心部分にあるプレイルーム，ファミリールームの周辺にまとめられていて，ここを通って各寝室へ向かうことになる。主寝室はかなり大きなガラス面で構成されているが，専用のコートヤードをもつため，プライバシーを十分に保っている。カイリーは両建築家と協力して，主寝室用のコートヤードに魚のいる小さな池と，これもまた小規模の屋外ダイニング・エリアを作った。この専用コートヤードは，片側が敷地方向に開放されている。

白く塗られた石の素材感に，ブロイヤーとベッカードの好みが現われているが，この仕上げはそのまま住宅内部にももちこまれた。石の暖炉が組み込まれたリビング・ルームの大きな壁には，白ペイント仕上げが施され，まるで外部の壁のように扱われている。床仕上げは，濃い赤系色のクレータイルをせまい破れ目地で敷き込んであり，彼らの他の住宅にはあまり見かけられないものとなっている。深い赤色のフロアに対して，ペイントされた石やプラスターボードによる白い壁，そして蜂蜜色のヒマラヤスギの天井。それらの間に生まれる強いコントラストは，室内を活性化し，また，並置をコンセプトにした設計手法を具現化することになる。

よく知られているように，ブロイヤーとベッカードによる各住宅には，必ずカギとなる設計上の特徴が与えられている。この住宅の場合は，各要素，たとえば，材料，窓，そして構造に関するエレメントが非常に傑出したものとなっている。石の一部を白ペイント仕上げしたために，自然のままの石材との間に対比が生まれ，石の存在感が強調されるのだ。実際，ブロイヤーは，ゲーン・パビリオンについて述べた際に，次のようにはっきりと主張していた。「石を壁に使うということは，表面的な石仕上げを見せるためではなく，身の詰まった石材を用いるためなのだ。たまたまそこにあった石の壁と，石工が手を加えてきっちり作り上げたものは全く意味が異なるものなのだ」。

採光のための窓と，動線や視界のための窓との違いは，リビング・エリアにおける明窓と，寝室の床にまで達する窓の違いに明らかである。内部の平面計画は，柔軟で開放的なもので，敷地内に自由な流れをつくっている壁と対応する関係にある。それに相対するように，入口の斜路はある程度の格式をこの住宅にもたらしている。また，主寝室のコートヤードの壁は，囲まれた空間を他から切り離して，それだけで完結したものとしている。ここでは三方だけが閉じられ，第4の壁が欠如している。そのため，空間として完結しながらも，自由で開放的な印象を与えている。このような並置をかさねて，この住宅は，空間に対するわれわれの予想をことごとく裏切ることに成功したのだ。こうして，まず個々を明確に表現しつつ，それらをまとめた時に，全体としての究極の統一感が達成されたのだ。

暖炉の壁上部の連続したガラス面は、朝の光をもたらす。深い赤のクレータイルの床貼りは、白塗りペイント仕上げされた壁、そしてヒマラヤスギの天井を強調している。
photo: Ben Schnall

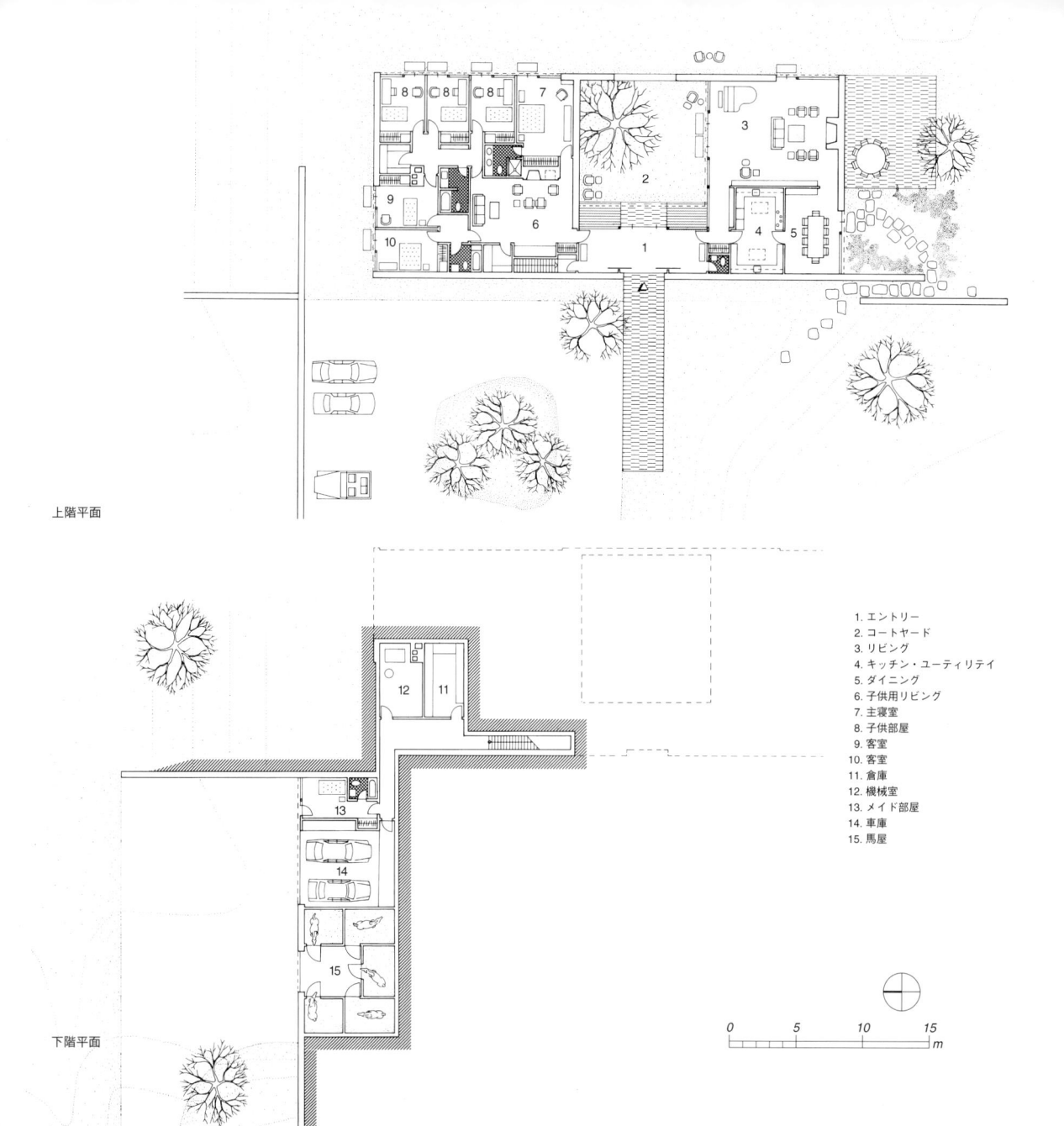

上階平面

下階平面

1. エントリー
2. コートヤード
3. リビング
4. キッチン・ユーティリテイ
5. ダイニング
6. 子供用リビング
7. 主寝室
8. 子供部屋
9. 客室
10. 客室
11. 倉庫
12. 機械室
13. メイド部屋
14. 車庫
15. 馬屋

フーパー邸

メリーランド州ボルチモア郡，1960年
約7,800平方フィート
設計：マルセル・ブロイヤー，担当：ハーバート・ベッカード

ドライブウェイからは，42メートルに及ぶ西に面する石壁の全体像が，入口立面として見えてくる。ガラス戸は，背後のコートヤードへのガラス壁と合わせて，ソリッドなこの住宅に透明感をもたらす。
photo: Ben Schnall

「私の母とブロイヤーは，まさに意気投合していました。ふたりは同じ言語をしゃべっていたのです」。この住宅のクライアントであった，アーサーとエディス・フーパー夫妻の3人娘のひとり，ジェイ・ウィリアムズはそう語った。その"言語"とは，大部分，控えめ，簡素，大胆，抽象と翻訳できるものであった。

フーパー夫人は，モダン・デザインに強く惹かれていた。そもそも彼女は，若い頃にニューヨーク近代美術館のデザイン部門で働いた経験があった。「その時に母はモダン建築と恋に落ちたのです」とジェイ・ウィリアムズは言っている。エディス・フーパー夫人の兄弟，W・ホーキンス・フェリーも建築家で，ミシガン州グロス・ポインテに自らモダン住宅の自邸を建てている。エディス・フーパーの父，デクスター・フェリーは，エディスの説得もあって，ヴァッサー・カレッジのフェリー・ハウス寮の設計を1950年にブロイヤーに依頼したことがあった。この小規模な，ほとんど住宅に近いスケールの共同寮は，公共部分と各居室とを明確に区分したことで注目を集めた。さらに各居室は，学習ゾーンと寝室ゾーンをはっきりと分けるものであった。また，1960年に建てられたこのフーパー邸以前に，フーパー家はブロイヤーに別の住宅を設計依頼したことがあった。当時，夫妻と3人の娘は，フーパー氏がボルチモアにもっていた，伝統的なジョージ王朝時代様式の住宅に住んでいた。1948年，ブロイヤーはその住宅に非常にモダンな3寝室を増築した。このような異なるスタイルを効果的に結合することは容易ではなかったが，当時この新棟はかなりの評判が高かった。

やがてフーパー夫妻は，バルチモアの郊外に7エーカーの土地を新たに購入し，フーパー夫人はそこに完全にモダンな住宅を建てようと考えていた。彼女はフーパー氏とは正反対で，クライアントとして非常に積極的であった。当時，フーパー夫人は，コネチカット州ニューカナンのエリオット・ノイス邸に感銘を受けていた。ノイスはブロイヤーの友人で，もともとはブロイヤーの教え子でもあったが，ノイス自邸は，大きな中庭によって分離された2つの棟による構成でよく知られていた。「母はエリオット・ノイス邸が大好きでした。しかし住宅のそれぞれの部分に行くために，いったん外部に出

この住宅の後ろ側から眺める。コートヤード東側にある石壁の開口部と、ガラス壁をもつ寝室棟が見える。床から天井にいたるガラスの引き違い戸のおかげで、各寝室から屋外へ容易に出ることができる。
photo: Walter Smalling

石壁の開口部から植栽のあるコートヤードを眺める。入口のガラス引き戸とその先のガラス引き戸がともに開放されると、住宅を通り抜けることができる。また、リビングおよびダイニング・エリアから直接屋外につながるガラス面が、左側に見えている。
photo: Walter Smalling

なければならないという点はどうも好きになれなかったようです」とジェイ・ウィリアムズは言っている。フーパー邸では、個別の棟を連結するコートヤードを設けるというアイデアは、ノイス邸とはかなり異なる形をとって存在している。フーパー夫人は住宅設計に強い関心をもっていたが、その住宅に加える彫刻、絵画、家具調度品や、ブロイヤーによる組込式家具の数々にもこだわりを見せていた。

入口側から眺めると、この住宅は、長さ42メートルにも及ぶ石の壁が、なかほどに開けられた戸口で切り取られたように見える。住宅から少し距離をおいて眺めると、このファサードの全体像を捉えることができる。ここで使われたメリーランド産フィールド・ストーンは、さまざまな錆び色と灰色の色合いをもっていて、十分に装飾的な要素となっている。その意味で、建築自体がはっきりと認識できなくても、この材料自体の存在感は非常に印象に残るものである。ひとつの材料をこのように非常に大きいスケールで見たり、また、このような方法で建てられたものを目にしたりすることはめったにない。そのような、手にあまりそうなスケールの壁であることを考えれば、比較的濃い色合いのフィールド・ストーンの使用は賢明な選択であった。これは、素材だけで十分に仕上げの面白さが出せる、というブロイヤーとベッカードの考え方の良い例である。つまり、装飾のない装飾、とでも呼べばよいだろうか。

アプローチ上のある地点から眺めると、この住宅の透明性をはっきりと確認することができる。広く開いた入口には2枚のガラス引き戸がある。その背後に大きなコートヤードが広がっている。コートヤードを横切った反対側には、正面側の壁と平行に置かれた石壁があって、大きめの開口部が設けられている。そこを通して文字どおりこの住宅を見通すことができるのだ。玄関と中庭のガラス引き戸の両方が開けられた状態では、この住宅の真ん中を抜けて歩いていくことができる。正面ファサードがほぼ完全にソリッドであるのに比べて、コートヤードに面する後ろ側はほとんどガラスで構成されている。

主要なエレメントは非対称の位置に配置されていて、お互いに引きたてるようになっている。入口の大きなガラス製ドアは、石の壁のちょうど中心に置かれているかのように見えるが、壁の右側部分が、住宅の端部を越えてさらに伸びていくので、実は非対称になっている。また、巨大なオークの木がコートヤードにそびえるように立っていて、この木は入口ドアの中心から外れたところに植えられており、完全に水平な住宅に見事な垂直性を与えている。中庭の後ろ側の壁にある四角の開口部も同じく中心からはずされている。

このコートヤードはリビング棟と寝室棟との間にあり、いってみれば2つの建物に側面を固められているのだ。またこの2つのエリアをつなぐ屋根で蓋われた連絡通路が、コートヤードの手前側に設けられている。広いリビング・スペースは、コートヤードに開放的に面し、またロバート・E・リー公園とローランド湖に面する側に

シンプルだが堂々としたびしゃん仕上げのコンクリートの暖炉は、大きなスラブを使ったブルーストーンの床、および多彩な色相が重なったフィールド・ストーンの壁と相性がよいが、それでも非常に強いコントラストをもっている。このリビング・エリアからは、先に広がるローランド湖と公園を見渡すことができる。
photo: Walter Smalling

は、床から天井までのガラス面を通しての眺望が与えられている。ダイニング・エリアは直接コートヤードには面してはいないが、他のエリアと同様に床から天井までのガラスが使われていて、そのガラス面を通して、その先にある芝生や木々を眺めることができる。ガラス面が多いこの住宅で、有効に使える壁面をできるだけ増やし、また照明による演出効果を高めるように、キッチンと、別棟の家族と子供用の共用部屋では、天窓が唯一の採光源となっている。ここでは、頭上から降り注ぐ自然光が空間を満たしているのだ。その光の効果で、これら2つの部屋はまるで外部空間にいるような雰囲気をもっている。台所部分の外壁に開口部を設けることは、技術的にはそれほど難しいものではなかった。しかし、ブロイヤーとベッカードが意図していたのは、手前側にある2つの部屋を包み込み、そこから先の部分を全面的に開放することであった。

家族と子供用の部屋は、6部屋ある寝室群の焦点となっている。この空間は、先述のように採光源が天窓に限られているため、寝室とは光の質が異なっている。各寝室ではひとつの面が全面ガラスとなっているのだ。主寝室と他の寝室では、メリーランド産のフィールド・ストーンが室内に用いられている。リビングとダイニング・エリアの壁の一部もまた石である。コンクリート製暖炉はびしゃん仕上げとされている。この暖炉はブ

リビングとダイニング・エリアと同様に、メリーランド産のフィールド・ストーンは、寝室の一部にも用いられた。比較的規模の小さい寝室で空間を節約するために、主な家具ユニットは、埋め込まれている。
photo: Ben Schnall

ダイニング・エリアは、芝生の専用コートヤードへの眺望をもち、またそこに出ていくこともできる。石の壁は、リビング、ダイニング・エリアの大部分に用いられている。
photo: Walter Smalling

ロイヤーとベッカードの他の作品に比べてもはるかにシンプルなもので、リビング・ルームとファミリー・ルームの両方に置かれている。いずれの部屋にもブロイヤーとベッカードのトレードマークである、ブルーストーンの床仕上げが施されている。

開放的な平面計画にもかかわらず、この住宅では、各エリア相互間でプライバシーを保つことができるようになっている。コートヤードの北側にあるソリッドな壁は、家族と子供用の部屋を含む寝室棟をリビング・エリアから切り離す役割をもっている。部分的に地下にある車庫、馬屋およびメイド部屋に通じるサービス階段は、連絡通路部分につながっている。また、ソリッドな外観のため、道路側からは内部がどうなっているのか、当然ながら全く見えないようになっている。このコートヤードは実用性の高い屋外空間を意図したもので、暖かい季節には屋外パーティーを開くこともできる。ここには、日光があたる部分と影になる部分の両方が備わっている。植栽は、小さいアザレア、ツタ、シダ、そして藤が植えられている。そして、エントリーエリア全幅にわたる魚の泳ぐ池は、ちょうど内部通路側面のガラス製引違戸の全長と同じ長さになっている。ここには大きなブルーストーンのスラブによるブリッジが架かっている。コートヤードの西側の総ガラス壁は、軒の張り出し部分によって覆われ、日除け、雨除けとなっている。ランドスケープ・アーキテクトのダン・カイリーが、ブロイヤーおよびベッカードと初めて共同作業をしたのはラーフ邸であったが、この住宅でもコートヤード、エントリーアプローチ、その他すべてのランドスケープのデザインを担当し、共同作業を行った。

メイン・エントリー、コートヤードに面する壁の開口部、そして、ガラスとソリッドな面が交わる住宅のコーナー部分を見ると、石の壁が相当厚いことがわかる。ベッカードの説明によれば、彼とブロイヤーはこの壁を40センチ厚として、石がもつ本来の美しさを十分に見せるようにした。同時に、石を正しく"加工する"ために、またその量感を明確にするために、厚さを強調する必要があると考えた。一方で、曲線を描く低い石の壁が住宅後部の地面に配され、そのなかから樹木が立ちあがっている。この壁は、住宅本体の厳密な線形幾何学と美しい対比を見せている。

当時、ブロイヤー事務所の若いアソシエートであったベッカードは、この住宅の現場管理責任者であった。彼は、他の住宅と比較した時に、この大規模な住宅で実施設計図がほとんどなかったことが印象的だという。わずか2枚の壁断面図しか必要なかったことを考えると、審美的にも技術的にもこれほど簡潔な建築物はないといえる。この住宅は見た目にシンプルであるばかりではなく、施工もいたってシンプルであった。この住宅はとても簡素な作りであるがゆえに、はっきりした主張をもつ存在となり、一見相反するように見えても、うまく静けさと安定感を手に入れることができている。この住宅はそれ自体で完結していて、それ以上に飾ろうとすることはなかった。この住宅に干渉してくるのはランドスケープだけなのだ。

エントリーエリアからつながる、リビング・ゾーンと寝室ゾーンを結ぶ連絡通路に沿っての眺め。右に見える大きなブルーストーンのスラブは、コートヤードの魚池に架かるブリッジになっており、エントリーエリアからアクセス可能である。
photo: Walter Smalling

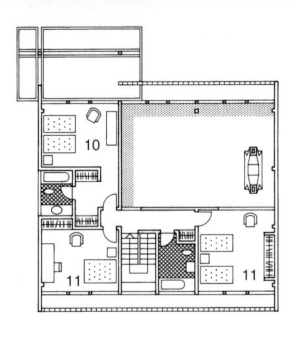

上階平面

1. エントリー
2. メイド部屋
3. 機械室
4. 車庫
5. リビング
6. 書斎
7. ダイニング
8. キッチン
9. ユーティリティ
10. 主寝室
11. 子供用寝室

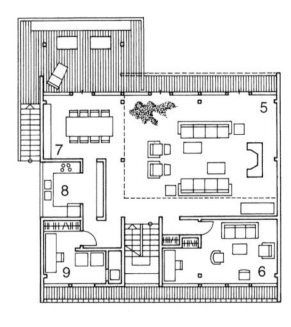

主階平面

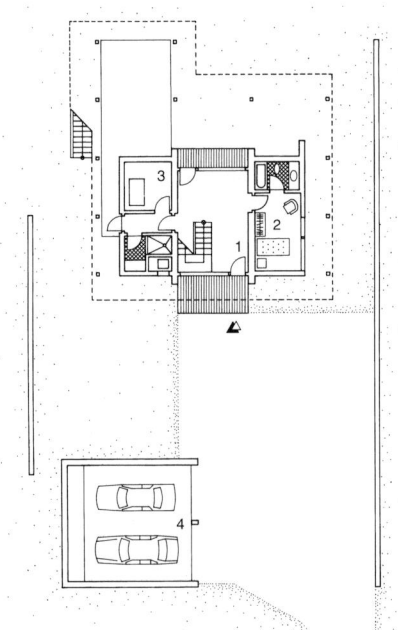

下階平面

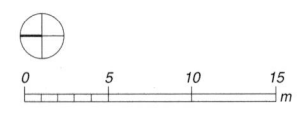

0　5　10　15
m

マクマーレン邸

ニュージャージー州マントロキング，1960 年
約 4,400 平方フィート
設計：マルセル・ブロイヤー，担当：ハーバート・ベッカード

入口側あるいは西側のファサードは全面的に日除けで覆われている。この住宅が載っている基壇部分は，ガラスの部分を除いてソリッドである。このガラス部分を通して，後ろにある海を見ることができる。
photo: Ben Schnall

　ニュージャージー州の大西洋岸，ニュージャージー・ショアに建てる別荘の設計をブロイヤーとベッカードに依頼した経緯について，ジャッキー・マクマーレンは次のように語った。「どうせ建てるのなら，その時代の最先端のものにしようと思ったのです。そこで，最良の建築家を探して，その人と仕事をしようと考えました。ブロイヤーと仕事をするのは本当に素晴らしい経験でした。私は畏敬の念をもって接していました。私たちは，設計のプロセスから完全に除外されたわけではありませんが，ブロイヤーとベッカードは，ほとんど思いどおりに設計したのです。」

　マントロキングは，ニュージャージー・ショアの典型的な海辺の街である。海岸線沿いに，狭い住宅地が途切れずに並んでいる。ブロイヤーとベッカードは，交通量の多い表通りおよび南北の隣地からプライバシーを保ち，また，後ろ側に広がった砂浜と大西洋側には住宅を開放することから設計を始めた。基本的な設計案は，ソリッドな側面をもった 2 階建ての長方体を，ひとまわり小さい基壇の上に載せるものであった。住宅全体を持ち上げることによるメリットを考えてみる。まず，素晴らしい眺めを手に入れることができた。また，海風をうまくとりいれる一方，嵐による浸水などの被害が最小限となる。さらに，住宅の構造を明らかにすることが可能となった。この住宅では，他の住宅作品と同様に，彼らの技術的開発に対する理想を目にすることができる。構造上のシステムは，はっきりと露出されて，審美的エレメントとなっている。

　入口側にあたる西側ファサードは大きなガラス面で，濃茶色の固定ルーバーの日除けがその上に取り付けられている。この仕掛けは，直射日光からの保護と，車道からのプライバシーの確保という役割がある。屋内外の支持柱，外部の手すり，そして日除けは，すべて暗めに着色されている。この住宅は基本的にすべて白く塗られているので，このような機能的な部分がアクセントとなって変化をつけている。1 階の入口には，ドアの脇に床から天井までの高さの窓があり，住宅を通して後ろにある海原を眺めることができる。この 1 階部分は控えめで半透明な存在となっている。それに対し，その上に載る 2 階建ての長直方体は大胆な構成をとり，基壇のガラス面もしくはコンクリートブロック面から1.5 メートル，カンチレバーで持ち

東面砂浜側立面。この住宅の透明性は、1階のガラス壁に見ることができる。住宅本体とそのデッキは、規則正しく置かれた柱によって地面と接している。また、その柱は、ステンレス鋼のピンを介して地面から浮かされている。入口側の日除けシェードは、メイン・リビング・スペースの上部にのみ設けられている。
photo: Ben Schnall

出されている。ここで、この住宅を支持する木製の柱と梁によるシステムがはっきりと見えている。また、直径5センチの亜鉛メッキされた鋼製ピンが、柱の下端部から出ているが、これはスターキー邸のものとよく似ている。この部分のディテールを見ると、U字型の鉄製ブラケットが各柱の下端部にボルト絞められ、さらにそのブラケットに溶接止めされたピンが、コンクリートの基礎に差し込まれている。ピンとボルトを露出したことは、結果として十分な視覚的効果を与えたが、木材と地面を切り離すことによって腐蝕を防ぐという目的がまずはじめにあったのだ。これは、純粋に機能的な配慮が審美的なエレメントにもなるというひとつの例である。

この住宅の南北面は木の板材を主材料とし、オフホワイトに塗られている。この2面は、隣接する住宅が近接しているため、北面にある2つの細い水平引き違い窓を除いて、ソリッドなものとなっている。住宅の後ろ側ファサードは、入口側とほぼ同じだが、ガラスファサードの一部にあたる最上階の3分の2の部分だけが、入口側と同じ日除けで覆われている。この面では、日除けが、ガラス面から1メートルあまり外側に取り付けられていることがよくわかる。また、ブロイヤーとベッカードによる、ソリッドな平面とガラス面との接

デッキ上の自由梁は、屋根面を示唆し、屋外スペースの境界を定義している。暗めに着色された木材は、白色に塗られた板材と角材で構成された住宅側面と対照的である。
photo: Ben Schnall

合の仕方が、はっきりと表現されている。彼らは、対照的な異なる平面が出会う場所で、ひとつの素材で構成されたコーナー部を用いることはまずなかった。交差する平面、フィールド・ストーンの自立壁、どこまでも延びていく屋根のライン、それらのデザイン要素が住宅の枠組みを越えて延長されている。その結果、さらなる屋外空間が得られた。この住宅の平面はきちんと整った長方形のように見えるが、ブロイヤーとベッカードは、微妙な凹凸をうまく生かして、内部空間の境界を定めた。こうして機能を包むという目的を超えて壁面を伸ばすことができたのだ。

ダイニング・エリアから海側に突き出たデッキ部分では、カンチレバー構造がさらに明らかになっている。デッキ自体は、それを支持する柱梁構造よりも大きくはみ出している。頭上に設けられたいくつかの梁は、デッキ上の枠組みにあたる屋根面のようなものを示唆している。ベッカードはそれらの梁を、空間を抽象的に捉えるための大切な仕掛けとして考えていた。完全に外部でも内部でもない空間を曖昧にせず、明瞭にするために、ブロイヤーとベッカードは、外部空間と内部空間を融合させるように努力を払った。この住宅では、その努力はこのデッキに集約されている。ガラスのカーテンウォールが形作る凹部に、デッキにつながるバルコニーが設けられている。デッキからの階段は、直接砂浜におろされている。

これまでに見てきた浮遊性のある建築要素のほかに、この敷地内には接地したものも多くある。やや離れたところにあるガレージは、住宅本体に対して直角に、地面にしっかりと置かれている。ガレージドアは、ブロイヤーブルーとブロイヤーレッドに塗られている。このブロイヤーレッドは、基本的に朱色に近い赤色で、バーミリオンレッドの一種である。明るさと暗さをあわせもつ住宅本体、そして抑制のきいた砂浜を背景にして、ガレージドアは目のさめるようなアクセントとなっている。1階部分北側の通用口にもブロイヤーレッドが使われている。北側と南側に置かれた、灰色に塗られたコンクリートブロックの目隠し壁は、敷地境界を示している。

ひとまわり小さい1階レベルには、ブルーストーンの板石で敷き詰められたエントランス・エリアがあり、開放型の階段が置かれている。また、メイド部屋と浴室、設備関係と、砂浜から上がってきた時のためのシャワーも設けられている。

2階部分が主な居住空間となっていて、2層にわたる大型リビング・エリアがある。この空間の二面は、他の部屋、つまり食堂、台所、書斎、洗濯部屋に面している。この

構造部材とボルト締めがはっきりと表現されている。
photo: Ben Schnall

構成は，ずっと後になってからのヴァシロウ邸とよく似ている。そして最上階には，3寝室と2つの浴室が設けられている。

空間の高さのほかに，このリビング・ルームは，特に2つのディテールで注目に値する。最上階から吊り下げられた日除けは，単なるガラス面だけの場合に比べてプライバシーを感じさせながら，海原への眺望を十分に楽しむことができるのだ。晴れた日にはルーバーの落とす影が，フロアを横切って戯れている。

もうひとつの重要なディテールは，びしゃん仕上げのコンクリート製暖炉である。この暖炉は，2つのV字を付き合わせたような形態をとっている。マクマーレン夫人は，建築家に暖炉の図面を初めて見せられた時のことを覚えている。「これは素晴らしいわね，と私は言いました。ところが，私は上下さかさまに見ていたことがわかったのです」。大きな開口部を開けるためには，二重の煙道が必要とされた。この暖炉は明らかに機能的なものだが，それをいかに彫刻的エレメントに作り上げるか，建築家の腕の見せ所であった。このマクマーレン邸の暖炉は，その豊かな形態が初期のガガーリン邸の暖炉を想い起こさせる。ここでは，壁に対する位置関係から，さらに存在を強調されているのだ。この暖炉の背後には一面ブロイヤーブルーに塗られた大きな壁がある。これほどの大きさのブロイヤーブルーの壁は他では見られないものである。

この住宅は，伝統的な日本家屋にたとえられやすい。柱と梁による構造体が内部空間にも現われ，その各要素が暗めに着色されている。和風の内装仕上げのように，木の縁取りが白いプラスター壁と対照的に用いられている。リビング・エリアには，主な光源として4つのちょうちんが架かり，そして畳を連想させるシザル麻の敷物が敷かれている。やや暗めの色調の木の縁取りは，内部空間の大きな特徴となっている。それらは各部屋に空間の枠組みを与えているが，それは外部デッキ上部の梁材が，空間に抽象的な枠組みを与える方法と類似したものである。ガレージ入口上部の下がり天井面も，暗めに着色された木材が配され，建物のよい縁取りとなっている。縁取り，柱，そしてむき出しの白い壁がもたらす相互作用について，「この住宅には，他のモダン住宅にはないディテールがあるのです」とマクマーレン夫人は語っている。

マントロキングの海岸に沿って長々と建ち並ぶ，ほとんど区別のつかないような伝統的なビーチハウスのなかで，マクマーレン邸は，はっとするような強い印象を与える。しかし，周辺とデザイン上は違っているにもかかわらず，この場所によく馴染んでいる。実際，砂浜に並ぶどの住宅よりも海に面する住居として十分に検討されたものとなっている。こうして，この住宅は，バケーションハウスに関する，モダン建築としての回答を提示したのだ。

ブロイヤーとベッカードによる多くの住宅と同様に、シザル麻の敷物がじゅうたんの代りに使われる。2つの煙道をもつ、非常に彫刻的なびしゃん仕上げのコンクリート製暖炉は、リビング・ダイニング・エリアの中心である。2つの煙道は、暖炉の大きな開口部のために必要となったものである。
photo: Ben Schnall

1. エントリー・ブリッジ部
2. リビング・ダイニング
3. キッチン
4. ポーチ
5. 子供用寝室
6. 主寝室
7. 客用別棟

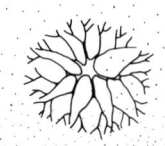

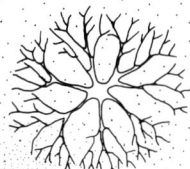

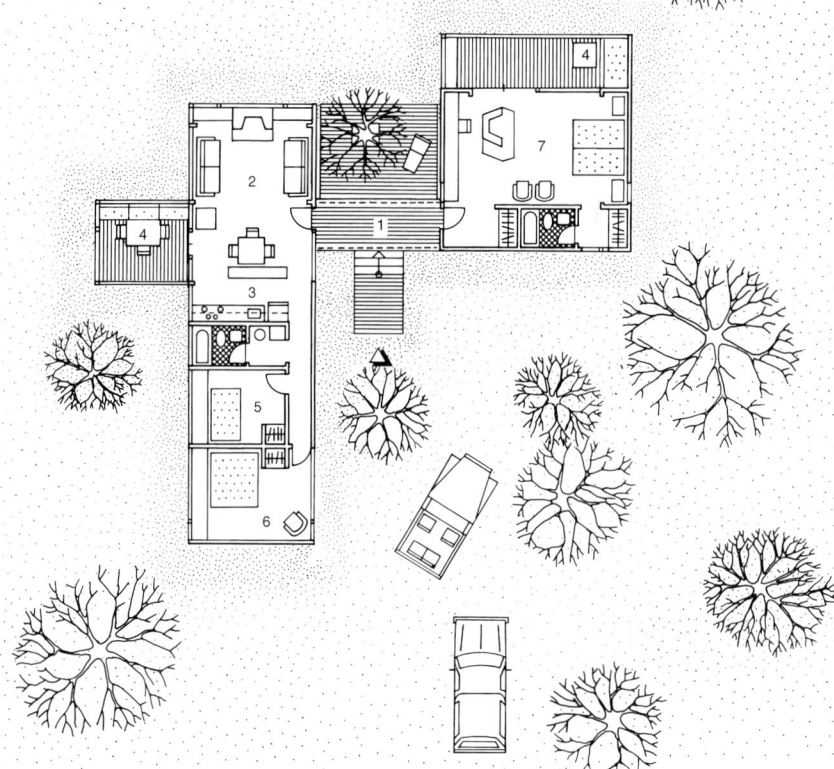

0　5　10　15
m

ワイズ邸

マサチューセッツ州ウェルフリート、1963年
約1,600平方フィート
設計：マルセル・ブロイヤー、ハーバート・ベッカード

右に見える個室棟は、完全に独立しているが、本棟とも簡単に行き来ができる。窓枠のない引き違い水平窓はブロイヤーが発案したもので、ウェルフリートの自邸ではじめて使われた。ここに見える樹木は、ケープコッドでは典型的な小さな松である。

photo: Joseph W. Molitor

大規模開発計画や低所得者向け住宅等の公共政策の場合は別として、設計に真面目に取り組んでいる創造的な建築家は、繰り返して同じ住宅を作ることをあまり好まないものだ。そこには職業倫理感、完全性への執着、さらに設計費の問題が絡んでくる。もちろん建築家の芸術家としての側面もある。各作品は毎回異なって当然なのだ。各住宅のレイアウトと機能を決めるのは、さまざまな敷地上の制限、あるいはクライアントのニーズであるが、一度は徹底的に突き詰められた設計案、つまり建築家にとっての審美的理想をもう一度蒸し返すことに、建築家は心やすらかではないものだ。これに関して、ベッカードはあるクライアントのことを想い出す。彼はベッカード邸の完全な複製が欲しいと言っていたが、ベッカードは当然、そのクライアントに合わせた設計をしたいと考えていた。すでに完成したものであっても、さらに改良を加えたい、という思いでもあった。

一般的に、創造的な努力が完全に満たされることは有り得ないのだ。住宅をそのまま複製することは、デザインにさらに磨きをかけたいという、建築家としての本能的な衝動に反することにもなる。

著名なニューヨークの画商ハワード・ワイズは、マサチューセッツ州ウェルフリート、ケープコッドにあるブロイヤーの自邸をはじめて目にした時、これこそワイズ自身が描いていた避暑のための理想の別荘だ、と思った。ブロイヤーが1948年に作ったその住宅は地味で素朴な、柔軟性に富んだ、魅力的な住宅であった。1963年、ワイズはブロイヤー邸からそれほど遠くない敷地に建てる住宅の設計を、ブロイヤーとベッカードに依頼したが、その時彼ははっきりとブロイヤーの住宅とまったく同じ物が欲しいと言っていた。それに加えて、その敷地は、小型のピッチ・パインが散在した起伏の多い砂地で、ブロイヤー邸の敷地とそっくりと言ってもよかった。敷地への配置の関係上、平面計画が反転されたが、少なくともブロイヤー邸がとった最終的な形態と比較すると、ワイズ邸はブロイヤー邸の事実上の鏡像である。幸いにも、それらの住宅は同じ町といっても十分に離れて立地していたので、アイデンティティーを保つことができた。

経済的な理由もあって、ブロイヤー邸は完成時点では、室内の心地よさという点に関してほとんど

起伏のあるランドスケープは、住宅と密接な関係にある。住宅の下を反対側に貫けているのだ。さまざまな長さの柱は、個々にコンクリート基礎に支えられている。
photo: Joseph W. Molitor

原始的な状態であった。この矩形の家は、薄い合板でおおわれていた。外装は、ヒマラヤスギの板を垂直方向に貼ってあったが、内部はそのまま仕上げさえ施されていなかった。つまり内装仕上げがなかったのだ。スタッドや梁も未加工のままで、ブロイヤーが少しは仕上げをしようか、と思い始めるまで、何年間もむき出しのままで

あった。ベッカードは言う。「ブロイヤーは、その荒っぽい未完成さが好きだったのだ。しかしここで、磨き上げた建築か、ほとんど手を加えないままの建築かという、さらに大きな命題にぶつかった。私たちは、建築を磨こうとしたことは一度たりともない。それとは逆に、自然で手の加わっていない、与えられたままの状態がよいと思

うのだ。私たちの建築には、きわめて基礎的で、言ってみれば原始的な何かがある。ブロイヤーのこの住宅はその良い例だ。」

この避暑のための別荘は、ニューカナンの最初のブロイヤー邸とよく似ている。いずれの住宅も、1階建ての四角く細長いエレメントで構成されている。主な動線は片側に置かれ、各居室はその反対側

渡り廊下からそれて、少し下がったところにあるデッキは、この重要な屋外リビング・スペースを拡張している。

photo: Joseph W. Molitor

に配されている。両住宅とも地表を離れて浮遊性をもち、大胆にカンチレバーされたポーチが重要な屋外の生活圏となっている。

1961年、ブロイヤーとベッカードは、ブロイヤーの息子のために、ひと部屋だけのはなれをこのブロイヤー邸に加えた。この増築棟は、簡易キッチン、浴室、暖炉をもち、独立した住宅としても機能することができる。また、エントリーポーチを兼ねた渡り廊下を介して、オリジナル部分と接続されている。これら2つの建物は機能上はまったく別個の住宅でありながら、同じ材料とディテールで構成されている。垂直方向に貼られたヒマラヤスギの板が外装の全面に使われ、窓枠をもたない引き違いの水平連続窓がファサードを特徴づけている。そしてかなり目立つ構造上のシステムが使われている。ワイズ邸には、それぞれの要素で、さらに発展を重ねたものが使われた。この水平窓システムは、ブロイヤーの発案によるもので、このブロイヤーの自邸で初めて使われ、その後の住宅で繰り返し使われたものである。椅子、ランプ、暖炉に対するこだわりや革新的材料を使うことに対する関心と同様に、その窓には、ブロイヤーが絶えず新しい工夫を重ねようとしていた姿勢が見えてくる。時代は下がって現在になっても、ブロイヤーの姿勢と同じように、ベッカードにとって規格品が必ずしも唯一の選択枝ではないのだ。

このワイズ邸で一番印象的なこととは、ランドスケープが建物の下を反対側に貫けていくことである。これは、この住宅に用いられた構造上の支持方式によって達成された離れ業ともいえるものである。この住宅は、4インチ角の柱を使って、うねりながら流れていく地面の上に持ち上げられている。それぞれの柱は地形の起伏に合わせて長さが異なり、丸いコンクリート製の独立基礎によって支えられている。うねるような地表の形状があらわにされたという事実は、この住宅のファサードの構成に不可欠なものである。

この住宅の支持柱のほかに目につくものとして、屋内ダイニングポーチのカンチレバーを支える構造体がある。木製トラスが外側に見えているが、屋内にも釣り合いのための筋交材が現われていて、屋内での力強いエレメントとなっている。しかし他のカンチレバーされたポーチが完全に開放されているのと異なり、ブロイヤーはこのワイズ邸と自邸には、スクリーンを取り付けた。ブロイヤーは当然開け放すことを好んだが、その彼でさえ、ことケープコッドの夏の脅威であるグリーンヘッド蝿に関しては、屋外での暮らしには限界があると感じていた。

内部仕上げは簡素であるが、それでも居心地がよい空間となっている。別棟の寝室部分、本棟の談話スペースのようないくつかの場所では、住宅の構造体が暗めに染められた木の部材として露出されている。これらの部材は、空間の縁取りの働きをしている。内部の壁表面はホメソートであるが、これは圧縮された紙で作られた材料で、大きなシートで手に入るもの

(外観写真はワイズ邸のものである。一方、内観写真はブロイヤー邸のものである)。 スクリーンのあるポーチは、そのコンパクトなサイズにもかかわらず、生活のいろいろな場面で使われる。カンチレバー構造のおかげで、ランドスケープの上にあたかも浮いているかのようである(右側の対角線状のトラス材に注目のこと)。
photo: Joseph W. Molitor

である。ブロイヤーとベッカードは、この材料を第2スティルマン邸の天井にも違う形で用いた。ホメソートは大して珍しくもない材料だが、両建築家はその未加工さが気に入り、またその見た目の粗さを誉めさえしていた。また、安価で耐久性があり、プラスターボードのように継ぎ目をテープで処理する必要がないので、施工が容易でもあった。一方、天井は、大型合板で構成されている。

リビングルームの長椅子は固定組込式だが、ほとんど何も無いといってもよいほどリビング・スペースが簡素なおかげで、配置換えが容易にできる。この住宅では洗練された生活というよりも、むしろやや荒々しい暮らしをすることになるが、そのためにかえって多様な家具調度品を許容することができるようになった。実際、この住宅で強調されるのは、形式ばらないことである。

ブロイヤー邸の本棟と個室棟を結ぶ渡り廊下をかねたデッキは、場所として人が集まりやすく、屋外リビング・スペースの中心として機能するほどであった。ブロイヤーとベッカードは、ワイズ邸にもそ

広い個室は、専用の暖炉とデッキを含む。
photo: Joseph W. Molitor

リビングとダイニング・エリア。天井は合板製である。この素材は、バウハウスの学生であった頃からブロイヤーを魅了し続けてきた材料である。なじみのある水平窓は、暖炉の収まった箱状の部分の上部に位置する。
photo: Joseph W. Molitor

れをやや拡大したものを増築した。こちらには低めのデッキが付属し，そこを抜けて松が生えている。

　ブロイヤー邸もワイズ邸も，敷地に対する深い畏敬の念が明らかに現れている。地形も木々もまったく阻害されていないのだ。ここでは，敷地の特性が建物構成上の大切な特徴となっているのだ。低木は成長し，また，土地の形状も変化するので，住宅自体もそれにあわせて変化する，というわけだ。その事実を考えただけでも，2軒の住宅は似てはいても，うりふたつ，というわけにはいかないのだ。

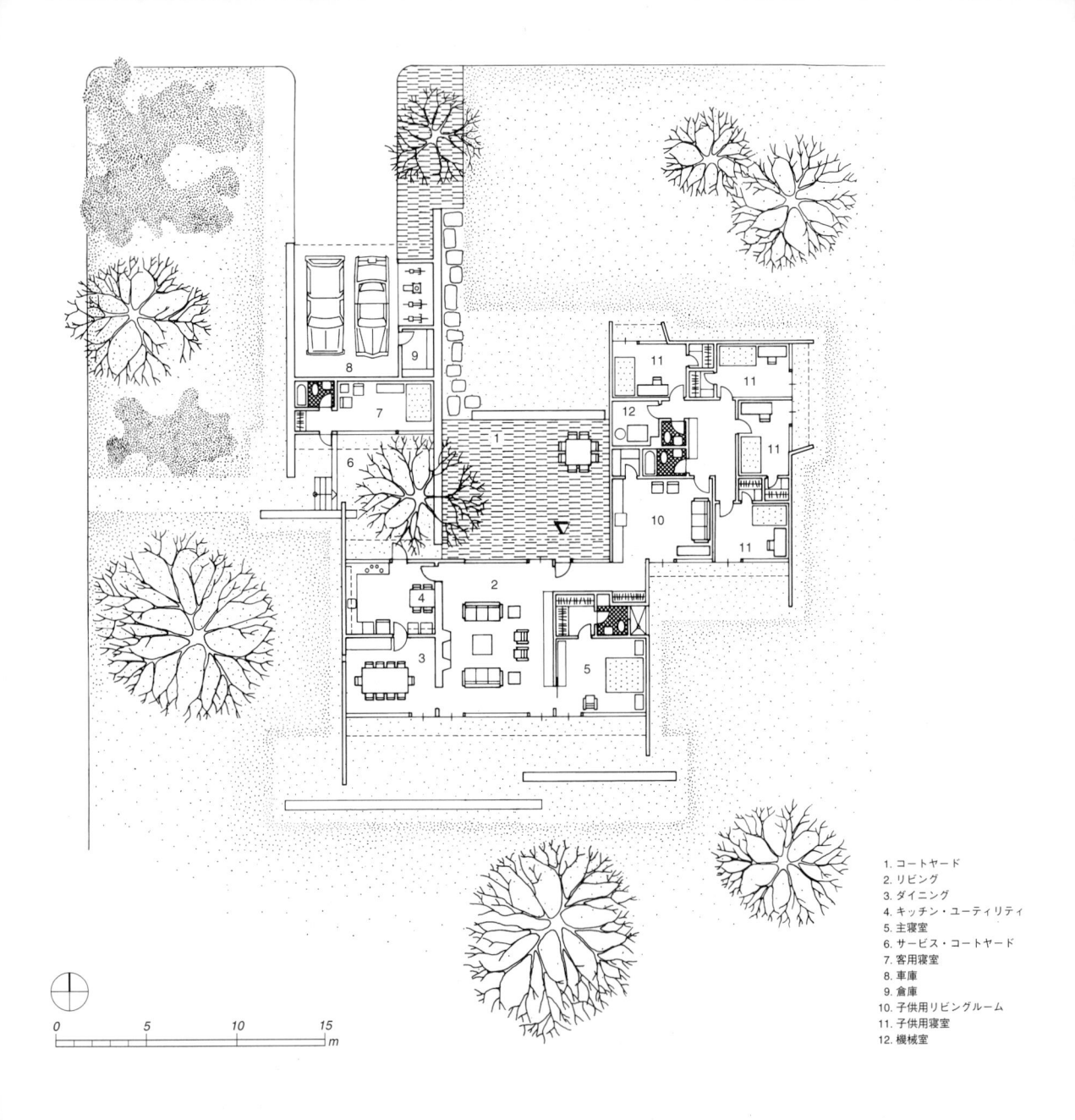

1. コートヤード
2. リビング
3. ダイニング
4. キッチン・ユーティリティ
5. 主寝室
6. サービス・コートヤード
7. 客用寝室
8. 車庫
9. 倉庫
10. 子供用リビングルーム
11. 子供用寝室
12. 機械室

ベッカード邸

ニューヨーク州ロングアイランド，グレンコーブ，1964 年
約 2,800 平方フィート
設計：ハーバート・ベッカード

後部，すなわち南側にある，高いフィールド・ストーンの壁は，主寝室にプライバシーを提供している。右側に見えるリビング・ルームをもつ子供棟は，この住宅の残りの部分から少し下げて配置されている。
photo: Ben Schnall

モダン建築を設計する建築家は，人工環境にも自然環境にも無関心だ，というかなり大雑把な批評を聞くことがある。ベッカードは，妻エレノア，そして，スーザン，カレン，トム，ジェーンの4人の子供たちのために，昔の大邸宅の一部である1エーカーの敷地に自邸を設計した。その際，その住宅がランドスケープの一部となることを望んでいたのだ。そのこともあって，この敷地に寄り添うようにして生えている6本の大木を1本も切らないことが前提であった。住宅の平面計画を考える前に，彼は敷地内の木々の配置を記録した。ホースチェスナット，ウィローオーク，オオカエデ，カエデ2本，そしてチューリップツリー。基本的に，木の間の残った空間に住宅を織りこむように設計を始めた。

ここでのコンセプトは，すでに存在したものの一部となるような住宅を作ることであった。ベッカードにとって，住宅と木々は分離できないものであった。住宅と関係なくそれらの木々に関心があったわけではない。一方で，それらの木々がなくなると，住宅もそれほど魅力的でなくなるのだ。ベッカードは，それらの木々は"よく練られたデザイン"だと思っていた。まず，木々を保護する目的に基づいて，建築法規による前面道路からの後退規定よりも1.8メートル道路側にはみ出して住宅を建てる許可を行政からとった。こうして高さ18メートルのホースチェスナットの木を残し，その木を内部コートヤードの一部として，建築にとり入れることができたのだ。車道側から眺めると，その木は建物の中心からまっすぐに立ち上がっているように見える。プライバシーを得るために植えられた数本の小さめの木を除いて，唯一手を加えた特別なランドスケープは，砂利敷きの縁取りだけであった。それは住宅の外周を回り，コートヤードや，つたが生えたエリアにまで及んでいる。

ブロイヤーとベッカードは，住宅の素材と配置に関して，ランドスケープ上できる限り干渉しないように心がけていた。彼らの設計した他の住宅は，地面からわずか15センチ浮かしてあるだけだが，ベッカード邸は40センチ持ち上げられている。たとえばスターキー邸は，不安になるほどの細いスチールピンのみで支持されているが，まるで地面に触れることをためらうかのようだ。自立した石の壁が，住宅の手前側と後ろ側両方に現われている。それは室内にも一部反響していて，自然界には存在しない幾何学的正確さを見せてはいるが，煉瓦やスタッコの壁と比較すると，自然のランドスケープに，はるかにうまく溶け込む要素となっている。「これは」という石を捜していた時にベッカードは，コネチカットのある農場経営者が崩れかけたフィールド・ストーンの壁を売りに出している，という話を聞いた。ベッカードは早速その農場を訪問してその壁を買い取り，解体後，自邸の敷地まで搬入させ

街路に面する住宅西側はほぼソリッドである。手前に見える低いフィールド・ストーンの壁は敷地の高低差を吸収するが、一方でリビング・スペースの境界面を視覚的に拡張する効果がある。
photo: Ben Schnall

エントリー・コートヤードへの通路は、直交する2つの石壁の間をぬっていく。住宅の透明性は、コートヤード内に入ってはじめて認識される。このエリアは、後年ブルーストーンで舗装された。
photo: Ben Schnall

た。ベッカードと彼の雇った石工リチャード・アレンは、本格的な協力者として共同作業を展開して、かなり大きなモックアップの壁を建てた。それらのうちのひとつは取り壊されたが、もうひとつはそのまま残すことになった。それから後は、アレンひとりで壁を組み立てていったが、石材の微妙な色相、凹凸のある素材感、そして特徴ある形態をできるだけはっきりと出せるようにと注意を払っていた。

住宅の手前側にある壁のうち、カーポートと客室の一部となっているもの、また後ろ側で主寝室を包み込んでいるものは、すべて高さ1.95メートルに設定されている。この高さは、プライバシーを確保するのに十分だが、閉塞感や圧迫感を感じさせたりすることのないぎりぎりの高さなのだ。また、低めに設定された壁が、住宅の後ろ側、住宅のほぼ全長にわたって配されており、そして再び西側のサービス・アプローチ付近に現われてくる。この低い壁は、ちょっとした腰掛けとして使われるが、また、敷地のわずかな傾斜を吸収する役目をもっており、屋内と屋外が同じ平面上にあるかのように見せている。フィールド・ストーンの自立壁は、ブロイヤーとベッカードが設計する住宅につきものだが、ここでは、特にはっきりと現われている。入口側では、それらの壁は街路から住宅をほぼ完全に隠している。

歴史的に見て、住宅の主要な部屋は街路に面するように配置されていた。この住宅は反対に敷地の内側を向いている。こうすることで、敷地の地形を明らかにし、プライバシーを高め、そして戸外の"部屋"を住宅全体の枠組みの内外に作ることができるのだ。南米諸国では、プライベート・コートヤードの目隠し用の壁がよく使われている。同様の壁を用いて空間を明確に定義し、同時にプライバシーを最大限に確保するという方法をベッカードはとったが、1959年から1960年にかけて、ブロイヤーの現地事務所の管理者として、ベネズエラのカラカスに2年間滞在したことが大きく影響している。当時、彼は"スペイン式"のエントリー・コートヤードと、それらが建築的、心理的に与える効果に大いに感銘を受けた。ここでは石以外の材料は考えられないであろう。煉瓦、スタッコ、あるいはコンクリートといった材料は、人間の手が加わったということがあからさますぎる。石は自然のまま、手を加える必要がないのだ。

日光は、一日を通じて石を照らしていて、その豊かさを見せているが、石壁が一番美しく見えるのはおそらく夜の帳が下りてからで

リビング・ルームからエントランス・コートヤードを望む。両面にあるガラスの壁が空間を拡大する効果をもっている。右側に見える多目的キャビネットは、このようなユニットへのブロイヤーとベッカードの典型的なアプローチである。
photo: Ben Schnall

あろう。壁は、見えないように隠されたスポットライトで照明される。光源を見せないで光の効果だけを見せるというベッカードの手法の一例である。屋内からも、ガラスを通して光が漏れて、壁の表面を照らしているのだ。

また、石は室内にも持ち込まれて、内外空間の関係を明らかにしている。開放型平面計画が基本にあるが、石の壁と暖炉は、床から高さ1.95メートルまで、いいかえれば天井まであと45センチのところまで立ち上がり、リビング・ルーム、ダイニング・エリアそしてキッチンを分割している。大型暖炉に隣接する壁の、比較的小さな部分がブロイヤーブルーに塗られている。やや抑えられた色相のブルーストーンの床張り、蜂蜜色のイトスギ材による天井と壁、白い本棚壁、そして白く塗られたプラスターボード。それらを背景にして、ブルーのひと塗りは見事な効果をあげている。

ベッカードは今想い返して、多分キッチンとダイニング・ルームの間に壁はいらなかった、という。そうすれば、それら2つの部屋とリビング・ルームは、もっと一体化した空間になっていたはずだ。この壁はベッカードがクライアントに譲歩した結果であった。このことは、建築家ならだれでも時折経験するが、この場合のクライアントは、自分の妻エリーであった。この住宅を設計していた頃、彼女は、住宅にはきっちりとダイニング、リビング、そしてキッチンが区画されているものだ、という固定観念をもっていた。キッチンは明らかに独立した部屋であるが、カーポートと客室をもつ別棟の2

リビング・ルームを横切って，主寝室の方向，東側を見る。すべての床仕上げはブルーストーンで，すべての窓は，床から天井にいたるものである。
photo: Ben Schnall

つの壁で囲まれた内部のコートヤードに面していて、そのコートヤードのおかげで外部に向かって開かれている。

しかしながら、"クライアント"からのもうひとつの要請には、ベッカードは耳を貸さないことにした。それはカーポートとエントリー・コートヤードの間の石壁にドアを設けることであった。そこに開口部を設けていたら、壁の長さと連続性による視覚的なインパクトは弱められてしまっていたであろう。エリーは、カーポートから住宅まで、特にキッチンのドアまでのもっと便利なアクセスが欲しい、と主張していた。このままでは、車を駐めた後で、コートヤードまで砂利敷きの通路の全長を歩かなければならないのだ。特に、悪天候の時は、その距離はますます長く感じられるばかりである。この住宅に至るまでに、このようなよく考えられた十分なひきがあ

大型の石の暖炉が、ダイニングからリビング・スペースを分離しているが、ここでも開放型の平面計画が基本になっている。右上に見える壁の一部分は、特徴あるブロイヤーブルーに塗られている。壁の高さは、外部コートヤードの壁に合わせたものである。天井は、蜂蜜色のイトスギである。左に見える彫刻は、コンスタンチノ・ニヴォラによる。彼の作品は他のいくつかの住宅にも置かれている。
photo: Nick Wheeler

ダイニングルームでは、床から天井にいたるガラスが十分な効果を見せている。花崗岩のテーブルは、ベッカードのデザインによるものである。
photo: Nick Wheeler

屋内外の壁のいくつかでは，木の板は斜めに配されているが，これは構造的な支持のため，そして視覚的変化を与えるためである。ひさし状に張り出した部分は，冬には日光を最大限に活用し，そして，夏には直射日光を遮る効果がある。
photo: Ben Schnall

ることは，エントランスはできるだけはっきりとさせるべきだ，というブロイヤーとベッカードの主張にしたがったものである。ここでは，住宅に至るまでの人の動きが順序だてて考えられている。自動車をカーポートに駐車し，まず歩道の脇，つまり公共の場所にいったん出る。そして，それに続く砂利敷きの通路は，パブリックなエリアからプライベートなエリアへの転換を表している。いったんコートヤードに入ると，そこはまだほとんど屋外のままだが，もはやパブリックな空間ではない。そして最後に，ドアを開ける行為が，究極的なプライベート領域に至ったことを意味するのだ。

屋内側から眺めると，リビング・ルームはガラス壁をはるかに越えて石の壁まで伸びていくように思われる。その結果，この空間はエントリー・コートヤードとつながったようになり，コートヤード自体が，8人掛けのテーブル，ビュッフェ棚，それに植栽をもった，もうひとつの部屋となる。後ろ側，つまり南側には，低い擁壁がガラス面から約3.6メートル先に置かれていて，空間の境界面を規定している。リビング・ルームの端部から少し離して置かれた，背の高い1.95メートルの石壁は，主寝室にプライバシーを与える役割をしている。主寝室は通常開放されているが，大きな引戸によってリビング・ルームから分離することも可能である。

エントリーホールから直接アクセス可能な東側の独立棟は，ベッカードの子供たちのための4つの寝室と，太陽が燦燦と降り注ぐ共用部屋を含んでいる。各寝室はか
なり質素なサイズで，ベッド，デスクおよび椅子が置かれるだけである。ウォーク・イン・クローゼット内に組み込まれたドレッサーは，それ以上家具を増やさなくてよいように考えられたものであった。子供たちは，明るく，風通しの良い共用部屋へ自由にアクセスができるので，それらの寝室は，生活の場というより，むしろ隠れ家のようなものであった。各寝室は，戸外と直接出入りできる床から天井までのガラスの引戸を備えている。キッチンと個室を除いて，すべての主だった部屋には床から天井までのガラスの引違戸が同様に与えられている。内部廊下は4寝室すべてにアクセスが可能で，天窓を通して自然光が注いでいる。ベッカードは当初，子供のリビング・ルームと，メイン・リビングルームへつながる廊下との間にドアを取付けることを考えていたが，子供と大人のゾーンが十分に離れており，プライバシーを保てることからドアは不要だと判断した。

コートヤード，開放型の平面計画，住宅の枠組みを超えて空間を包み込んでいるフィンウォール，ランドスケープとの絶え間ない相互関係，そしてリビング・エリアの全面ガラス壁。こういった要素のために，この住宅は広大なものに見えるが，実際は6人家族のためにはそれほど大きいわけでもない。ブロイヤーはこの住宅の設計には関与せず，完成するまで見たことがなかったが，はじめて見た時に，この住宅のサイズに驚いていたことをベッカードは記憶している。

もっとありきたりなデザインの住宅が並ぶ郊外にあって，この住

夕暮れ時には、この住宅の透明性と開放型の平面計画が手にとるように見える。
photo: Nick Wheeler

宅は強い存在感をもっていることは間違いない。フィールド・ストーンの壁、白くペイントされた板材によるほとんどソリッドな西側ファサード、それにランドスケープから判断して、この住宅は近隣に背を向けていると考える人もいるだろう。実際には、最も重要なのは敷地そのものであること、毎日の暮らしを支える機能が一番大切であることを、この住宅はあらためて問いかけている。同じフィールド・ストーンの壁を使っても、この住宅は回りの住宅ほどにも目立たない。これらの壁は見た目と同様に強度がある。結局のところ、この石以上に自然で、この地域の風土を反映したものが他にあるだろうか？ 周りの街並みや、自然条件にはしっかり対応しているが、この住宅は完全なモダン建築なのだ。その意味において、ベッカード邸は、近隣に対して最大級の敬意を払っているといってよいだろう。

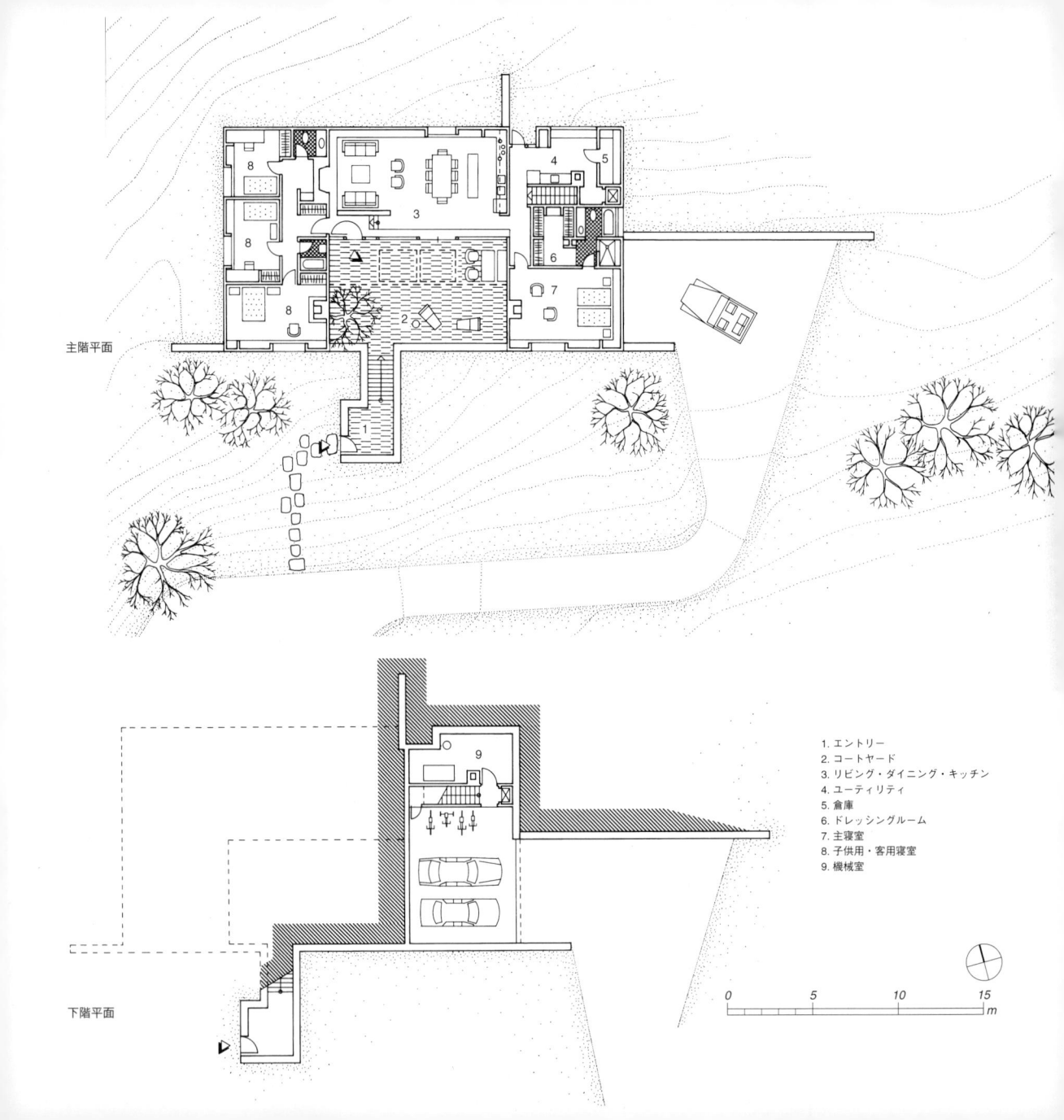

主階平面

下階平面

1. エントリー
2. コートヤード
3. リビング・ダイニング・キッチン
4. ユーティリティ
5. 倉庫
6. ドレッシングルーム
7. 主寝室
8. 子供用・客用寝室
9. 機械室

第 2 スティルマン邸

コネチカット州リッチフィールド，1965 年
約 2,800 平方フィート
設計：マルセル・ブロイヤー，ハーバート・ベッカード

ブロイヤーとベッカードの住宅の大部分は後部ファサードが主立面である。この住宅では，入口にあたる南側立面もまた，住宅の主要な眺めである。2 つの矩形のエレメントが，メイン・リビングエリアのガラス壁の両側を固めている。しかし，ここでも非対称の配置が守られている。

photo: Joseph W. Molitor

ブロイヤーとベッカードに住宅の設計を依頼した時に，クライアントの多くが非常に積極的に参加する様子を見て，ベッカードはある結論に達した。彼らはプロにはならなかったが，かなり本格的なアマチュア建築家なのだ。ルーファス・スティルマンがいい例である。この住宅はルーファスとレスリー・スティルマン夫妻のリッチフィールドで 2 軒目の住宅設計の依頼で，3 軒目がこの後に続いた。また，ブロイヤーとベッカードは，スティルマンの会社，トリン・コーポレーションのために，工場と管理棟をいくつか設計した。その会社の経営者となる前に，スティルマンは，アンディー・ガガーリンのもとで働いていた。ガガーリンもまたブロイヤーとベッカードの大切なクライアントであり，ガガーリンから依頼された仕事もまた，スティルマンの紹介によるものであった。スティルマンは，ブロイヤーの個人的に親しい友人であったが，こと建築に関しては，幅広い美術コレクションに対するのと同様に真剣であった。スティルマンは熱心で自発的なクライアントであったが，基本的なコンセプトの問題が解決されるまではプロジェクトに一切口を挟まなかった事実を，ベッカードは想い出す。

ブロイヤーが初期に設計したラーフ邸と同じように，この住宅は抑制を効かせながらも，地中海地方の伝統的様式をはっきりと下敷きにしていた。この第 2 スティルマン邸は，ファサードに深くはめ込まれた窓がある。これは，昔も今も地中海地方の住宅に特徴的なものである。

最初のスティルマン邸は，窓のガラス面と壁面をほぼ同一平面にした，木製の平面による構成であった。一方この住宅では，窓はほぼ 60 センチ引きこまれていて，強力な三次元的感覚をもたらしている。その窓のくぼみ，投げつけ鏝左官仕上げのスタッコ（スタッコを外装表面に投げつけて，鏝仕上げをし，強い素材感をもった表面を作り出すもの），屋根面への切り込み，屋外リビング，ダイニング・スペースを形成するエントリーコートヤードをあわせると，地中海建築の記憶が見え隠れしている。しかし，設計全体を見てみると，単なる引用であったり，意味もなく派生したものは何もない。

この住宅は丘の斜面に建っているので，前部は後部より低い位置にあり，後部は丘のやや小高くなった部分と同じレベルにあるが，手前側のエントリーコートには階段を昇って到達することになる。

入口のコートヤードは、リビング、ダイニング、そして来客用のスペースとして最適で、室内側から眺めることができるように配置されている。そのコートヤードは地面から少し持ち上げられていて、プライバシーを保つように配慮されている。コンスタンチノ・ニヴォラの4点の彫刻のうちのひとつが置かれ、空間に華を添えている。住宅が載っている石の基壇は、窓壁の下に見えている。
photo: Joseph W. Molitor

地中海式建築を下敷にして、窓は深く引きこまれている。窓はガラスの一枚板で、戸袋に引きこまれる。スタッコと石表面が編み込まれている。
photo: Joseph W. Molitor

ドライブウェイは、住宅の東側にアプローチし、ここではガレージが珍しく住宅の地下に設けられている。ブロイヤーとベッカードにとって、自動車で到着する体験と、実際に歩いて住宅に入る体験の違いは重要である。そのため、彼らはガレージを住宅内に設けることを極力避けるのだ。ブロイヤーは、「ガレージがちゃんと密閉されていなければ、排気ガスが住宅内に漏れるかもしれないから」と、かなり無理矢理に理由づけをしていたが、基本的には建築の美学と哲学に関わる問題だ考えた方がよいであろう。

フィールド・ストーンの基壇は、この住宅が台座に載っているような感覚を与える。スタッコ壁の一部が、ラフなフィールド・ストーンの基壇に割り込み、あるいはあたかもフィールド・ストーンの上にそのままかぶさっていくかのようだ。この基壇部分もまた、地面に割り込んでいく。この石の壁は、ブロイヤーとベッカードによる典型的な壁ほどには強調されておらず、また特別な仕上げをされてもいないが、完全に無視されたわけでもない。この壁のオープンジョイントは、クライアントが要求したものであった。両建築家はあまり歓迎しなかったが、結果的には取り入れられた。その結果、この壁はあまり建築的ではなく、むしろランドスケープ的なものとなった。ブロイヤーは、設計の詳細についてかなり頑固なところもあったが、建築家とは知識に富んでおり、また、クライアント、特に建築設計のプロセスに積極的に関わってくるようなクライアントには便宜を図る必要もあるのだ、ということをよくわかっていた。

ブロイヤーがデザインした重厚な門を通って、壁で囲まれた前庭に入る。そこから短い石の階段を上がってオープン・コートヤードに至るのだ。この壁で囲まれた入口部分では、表情豊かな、強い、色相に富んだフィールド・ストーンで囲まれることになる。ここでその素材感に気づかないで進むことはまずできないはずだ。この入口部分は、どことなくクレタ島、またはユカタン半島の血を引いた、遺跡を想わせる何かをもっている。同時に、この住宅へのアプローチをやや格式あるものにしている。

両側を壁で囲まれたいくぶん狭めの小道を登りきると、そこは入口コートヤードである。この空間は砂利敷きで(後に煉瓦で舗装されるが)、日陰を得るための部分的な軒や戸外用家具を備え、リビング、ダイニング、そして来客をもてなすためにも適したものとなっている。ベッカードの自邸のように、ガラスの壁を通して、訪問者はこの住宅のなかを見渡すことができる。そこには完全に開放された、自由な平面計画が広がっている。しかし、ベッカード邸と異なり、この住宅には透明な印象がない。この住宅の後面ファサードがほとんどソリッドだからである。ブロイヤーとベッカードの住宅では、後ろ側にガラス面を用いるのが典型的だが、この住宅では正面側にガラス面を配している。この住宅は敷地内でやや高い場所に位置するため、プライバシーが確保されている。窓から敷地を眺めることはできるが、下にいる人びとがなかを覗くことはできないのだ。

フィールド・ストーンの壁が、住宅の入口ドアのすぐ内側にも立っている。これは屋外の壁と共鳴して、屋内外での生活の関係を明瞭に語っている。この屋内と屋外の関係は、ブロイヤーとベッカードの住宅でいつも強調されているものである。しかし、屋外の壁と異なり、これら屋内の壁はさらに完成した、あるいは手を加えられた表情をもっている。この壁から明らかになるのは、屋外と屋内には連続性が与えられているが、屋

凹部に引きこまれる窓部の詳細。窓が開いているときも、凹部の中のアートワークは、ガラスを通して眺めることができる。
photo: Joseph W. Molitor

各寝室には小型の暖炉がある。ベッドからでも火が見えるように、少し高い位置に設けられている。机と本棚は造り付けである。
photo: Joseph W. Molitor

内は覆われた場所として、より洗練されているということである。さらにこの区別をはっきりと見せているのは、ガラス壁の下にある石の基壇である。これは、屋外側ではそれほど手を加えられてはいないが、屋内側では、窓辺の腰掛け、あるいはディスプレイ棚として、完成度の高いものとなっている。その棚は、それ自体が彫刻的なもので、リビング・エリアと寝室の主だった部分をめぐっている。住宅外装のスタッコ仕上げは、室内側にももたらされ、内装壁の大部分に使われている。リビング、ダイニングそしてキッチンは、ひとつのオープンエリアとなっていて、それらのスペース全体がわずかに下げられている。その結果、これらの3つのスペースには高さ方向に広がりがもたらされた。入口左側の3つの寝室は、わずかに持ち上げられたレベルにあり、天井高は通常の2.4メートルである。それと反対側にある主寝室は、隣接する設備関係を収めた部分とともにリビング・エリアと同じレベルにあり、天井高2.8メートルとなっている。フーパー邸、ベッカード邸、コーエン邸といった住宅と異なるのは、ここでは各寝室へのアクセスの中心となるファミリールームあるいは子供用のリビングルームは設けられなかったことである。その代りに、内部廊下が、部屋同士をつないでいる。主寝室は、小さな暖炉を中心とする、専用の談話コーナーをもっている。

　第二次世界大戦での負傷のため、ルーファス・スティルマンが片足を失っていたことは、ここに記しておくべきであろう。この住宅に至るには階段を上らなければならないし、また住宅内部にもレベル差があるのだ。ベッカードが言うには、スティルマン氏は木製の義足を使っていたが、日常的にそれらの段差がもたらす挑戦を喜んで積極的に受け入れていた。自分が障害者であるということを忘れることができるからであった。

　シール加工を施し、ワックス処理された赤い煉瓦の床張りが、住宅内の至る所に使われている。これは、オフホワイトのスタッコ、そしてキャビネットに使われた、やや暗めの木材の色とバランスのとれたコントラストを見せている。スティルマン夫妻が飾った幅広い芸術品と彫刻は、部分敷きのじゅうたん同様に、ぱっと目につくものである。その多くはアレクサンダー・カルダーによるものである。また、床面は煉瓦を暖気の供給を受ける多孔コンクリート板上に置いているため、冬季はいつも暖かく保たれている。

　窓の機構は、ブロイヤーとベッカードによる一風変わった工夫の成果であった。これは、ブロイヤーとベッカードが特別に設計した部品を使い、市販品を避けたひとつの例である。ガラス窓は壁の凹んだ部分に埋め込んだレールの上を滑る。その凹んだ部分の、開口部の脇に絵を掛けることができる。つまり、窓が開いているときは、片側に寄せられたガラス面を透かして絵を見ることになる。

　天井はペイント仕上げのホマソートで作られている。これは、ワイズ邸で壁表面として使われた安価な材料である。施工を容易にするためもあって、ブロイヤーとベッカードは、矩形の各パネル間のジョイントを、慎重に強調するよ

台所から見たメイン・リビング・スペース。石は、部分的な床張り、スクリーン壁、および連続窓の下の腰掛けとして室内に持ちこまれている。内部の壁表面仕上げはスタッコで、床張りは全体を通じて赤い煉瓦である。

photo: Joseph W. Molitor

うにした。

　この住宅がどのような方角に置かれ、どのように太陽を利用しているか、そして、どんどん増えていく芸術コレクションをいかに容易に収容するか。こうした配慮を見ると、この住宅が実際に、快適に暮らすために設計されたということがわかる。各立面には、精度、幾何学的純粋さ、簡素さ、そして調和を見ることができるが、これは典型的な地中海式住宅の文化特性そのものである。しかし、一方で徹底してモダンな住宅であるため、そのような伝統的な様式や形態を自由に参照しながら、独自の構成を保つことができたのである。他のあらゆるブロイヤーとベッカードの住宅が、ソリッドな面とガラス面が出会うことで構成されているのと異なり、ここでは、そのような対比がない。コーナーはソリッドで、そして、すべての立面は、壁と窓の混合物である。ブロイヤーとベッカードは、それまでの手法からはずれることに不安をもっていないようだ。テーマは繰り返されるが、彼らの建築には、決まったものは何もないのだ。

0 5 10 15 m

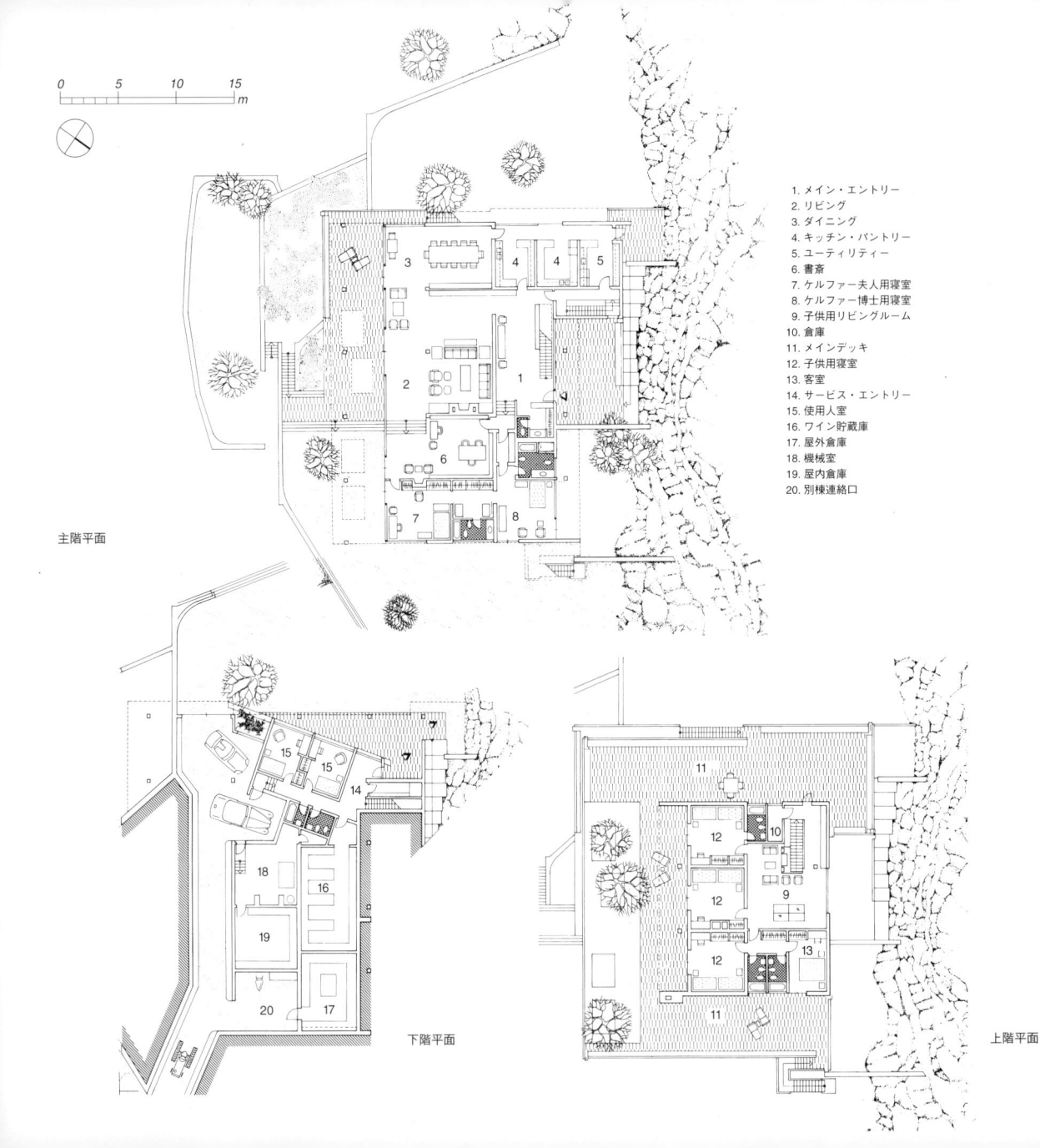

1. メイン・エントリー
2. リビング
3. ダイニング
4. キッチン・パントリー
5. ユーティリティー
6. 書斎
7. ケルファー夫人用寝室
8. ケルファー博士用寝室
9. 子供用リビングルーム
10. 倉庫
11. メインデッキ
12. 子供用寝室
13. 客室
14. サービス・エントリー
15. 使用人室
16. ワイン貯蔵庫
17. 屋外倉庫
18. 機械室
19. 屋内倉庫
20. 別棟連絡口

主階平面

下階平面

上階平面

ケルファー邸

スイス，ラゴ・マッジョーレ，1966年
約14,000平方フィート
設計：マルセル・ブロイヤー，ハーバート・ベッカード

東側には，一面芝生となった場所がある。クルミ材をあしらった窓はファサードに彩りを与え，ぴしゃん仕上げされたコンクリート，花崗岩，そしてガラスとの構成美を見せている。地元で切り出された花崗岩は，典型的なブロイヤーとベッカードによるフィールド・ストーンの壁のように積み上げられる。ドラマティックな階段は，テラスから地上レベルまで達している。向かって左側端の窓は，ケルファー夫人の寝室である。

BMW社の前会長，ジャック・ケルファー博士と彼の妻クリスティーナがブロイヤーに設計を依頼しようと考え始めた頃，彼らはベルン近郊の古いゴシック様式の住宅に住んで30年近くも経とうとしていた。ケルファー博士が20世紀絵画を収集し始めたのは，その住宅に住んでいた時であった。「1960年頃，増え続けるコレクションのための額縁として，モダン住宅を建てることを考えていました」とケルファー博士は言う。アルヴァー・アアルトをこの住宅の設計者に考えたこともあったが，ある本のなかでブロイヤーによるインテリアの1枚の写真を見て，ケルファー博士は誰にこのプロジェクトを任せるか心を決めたのであった。「この本に載っていたある部屋の写真に目がとまったのです。それはロビンソン邸のリビング・ルームでした。その雰囲気を見て感じたことは，マルセル・ブロイヤーなら，きっと私のための住宅を設計してくれるだろう，ということでした」と，ケルファー博士は回想する。まずブロイヤーは，マッジョーレ湖を越えてイタリアを望むという，アスコナの素晴らしい敷地を訪問した。また，それに続けてケルファー夫妻がブロイヤーのニューヨーク事務所を訪ねたが，こういった交流を重ねるうちに，仕事上はもちろん，個人的にも友情が深まっていった。完成後間もなくして，この住宅は米国建築家協会全米栄誉賞を受けた。この賞は個人住宅にはめったに与えられないことを考えると，大変名誉あるものだった。

その敷地には，かなり良いコンディションの大型住宅がすでに建っていた。ブロイヤーとベッカードは，この設計依頼に初めは驚いた。しかしケルファー博士は，その既存の住宅を完全に解体し，既存の傾斜や基礎に頼らない，新しい建物を作ることを考えていた。与条件のなかで優先順位が高いものとしては，10歳になる3つ子の息子たちに専用の空間を与えること，子供と大人の間でプライバシーを確保すること，そしてケルファー博士のレジェ，ロトコ，ピカソ，モンドリアンといった，人も羨むような現代絵画のコレクションを十分に見せることがあった。いくつかの点で，設計要求には美術館と共通する要素を含んでいた。その頃，ブロイヤーのホイットニー美術館は完成間近であった。すなわち，ブロイヤーとベッカードは美術館建築を熟知し，どうすれ

南側ファサードの部分詳細。広い階段は、異なるレベルの庭園をつないでいる。上層階の開口部を抜けて、木が成長する。存在感のある張出しは、その下に覆われた空間を生み出している。

ば美術作品を一番よく見せることができるか、よくわかっていたのだ。

既存住宅を徹底的に解体することで、ブロイヤーとベッカードは自由に新しい見方を示す機会を得たが、一方で、起伏の激しい、傾斜の急な敷地自体は、逃げることのできない挑戦であった。確かに、丘の斜面やマッジョーレ湖への展望は、賞賛に値する素晴らしいものであった。しかし、ブロイヤーとベッカードにとって必要なことは、居住者の実際の使用に耐える、平坦な戸外スペースを形作ることであった。

この住宅の構造システムは、打ち放しのコンクリートフレームで構成され、内装、外装ともその表面をむき出しのままとしている。一見荒っぽく見えるが、これは素材の使い方の慎重さを反映したものである。そのコンクリートを打つ際には、隙間のないように並べて置かれた1インチ×4インチの平滑な木の型枠が使われた。型枠を取り除いた後で、コンクリートに含まれている多彩な色の石を見せるためにびしゃん仕上げが施された。屋外の構造システムに与えられたびしゃん仕上げの表面は、そのまま屋内にも持ちこまれて使われている。壁、巾木、ドア枠、モールディング、暖炉、リビング・ルームのなかに全く独立して立っている柱。その他いたる所にその仕

広い屋根デッキから、マッジョーレ湖を越えてイタリアの方向を見る。外の階段のカンチレバーされたステップは、空中に漂っているかのようだ。

床から天井までのガラス壁の透明性は、どれほど外部と内部をつなぐ効果があるのか。それはこのリビング・ルームの光景を見れば一目瞭然である。
photo: Yukio Futagawa

上げが現われている。当時、ブロイヤーとベッカードは建築用打ち放しコンクリートの技術に十分精通していた。コンクリートの大型建築をとおして、すでに十分な経験をもっていたのだ。ブロイヤーは、初期のプロジェクトの多くで建築用コンクリートを使ったことがあった。代表的なものを上げると、パリのユネスコ本部やミシガン州マスキーゴンの聖フランシス・デ・サールス教会が想い出される。有名なマサチューセッツ大学のキャンパスセンターはこの住宅よりも後の作品である。このケルファー邸は、その材料と技術を小さめのスケールに応用するよい例となった。

この地域ではフィールド・ストーンが手に入らないので、コンクリートと合わせて、外壁に地元で切り出した花崗岩を使った。ブロイヤーとベッカードはめったに切り出した石材を使わなかったが、機械を使って石切り場で切り出された、かっちりした角が好きになれなかったのだ。切り出された石材はかなりランダムに配置され、あたかもフィールド・ストーンのように扱われている。びしゃん仕上げのコンクリートと同様に、花崗岩も屋内に持ちこまれ、たとえばリビング・ルームの大規模な暖炉に使われている。

すべての窓枠に使われたクルミ材は、全体から見ると小さな割合のものであったが、ブロイヤーとベッカードによる他の住宅には見られない色合いを持ち込むことになった。抑えられた色合いの花崗岩とコンクリートに対して、赤みがかった茶色の木材は、とりわけ冴えて見える。

室内の天井は大部分コンクリートで、滑らかな型枠材の後がはっきりと見えている。型枠のために使われたそれぞれの板が、異なる木目、節目をもっていて、また、水吸収率にばらつきがあるので、表面の仕上がりが多様なものとなっている。

多くのブロイヤーとベッカードの住宅のように、この場合も、主な立面は後部立面である。このファサードは最も設計意図がはっきり現われたもので、各エレメントが十分に開放されている。しかしながら、この住宅の敷地が険しい傾斜をもっているために、その外観の全ファサードは、はるか遠くの湖の上空からしか見ることはできない。設計段階で準備されたスケッチはその光景を見せているが、これは究極的に理想化されたものと考えた方がよいであろう。

ブロイヤーとベッカードの設計手法どおり、前面から住宅に入り、すこし引きまわされてすぐに裏側へ抜ける、という方法がここでは明確である。しかし、この住宅では、独特の地形のために、訪問者は、いったん住宅の側面からポーチの下を通って前面へ回り、そしてあらためて住宅内に入るとすぐに後部に抜けることになる。勾配の急な、曲がりくねった道を上ってこの3階建ての住宅にアプローチするので、最下層は、到着エリアと駐車の機能にあてられている。同じく、機械設備、貯蔵エリア、そして使用人の部屋がここに位置する。ステップのついた斜面をゆっくり登って、ドライブウェイから入口コートヤードに至る。この

リビング・ルームのメインエリアは、花崗岩の暖炉が中心となっている。美術館型の照明は、ここでは、レジェとモンドリアンの絵を照らしている。花崗岩の床には部分的にじゅうたんが敷かれている。手前にある椅子はチャールス・イームズによるもので、ブロイヤーとベッカードはイームズの家具を好んで使った。

時点では，訪問者は，まだこの敷地の見せるドラマには気づいていないのだ。敷地が美しい眺めをもつ場合，ブロイヤーとベッカードはその展望が開ける瞬間をできるだけ先送りする傾向がある。この場合は，広い入口エリアに入ると，まず大きな白色のプラスター壁に直面する。この壁はその先にある景色を隠すだけでなく，美術館型の照明を用いることで，両面とも に重要な絵画展示エリアとして機能している。

その壁を回った瞬間に，突如として，感動的に眺望が広がる。こうしてはるか向こう側に見える湖と山は，リビング・エリアの素晴らしい演出装置となる。このエリアには，大きく2つに分けて家具が配置された。隣接するダイニング・エリアもまた2つのエリアに分けて配置されていて，ひとつは 大きな集まりのため，もうひとつの小規模でプライベートなエリアは朝食時に使用される。ここには，ケルファー夫人の寝室と同様に，ガラスのコーナーが与えられている。これはブロイヤーとベッカードの住宅にはあまり見られないものである。食料庫，台所，そして洗濯部屋は，ダイニング・エリアの後方に配置される。リビング・エリアから巾の広い階段をほんの

がケルファー博士の寝室から伸びていって，起伏のある自然地形にぶつかり，閉ざされた庭をつくっている。閉ざされた庭の3つめの壁となるものは，敷地にある自然の岩である。

最上階は主に3人の子供たちのためのもので，同じサイズの各個室からは湖を見渡す景色が広がっている。客室はその北東のコーナーに位置する。2つの外部階段は，芝生でおおわれた大きなテラスのあるメインレベルに達している。一方，内部階段は，片持ちで支持された花崗岩の段板のみが浮かんでいて，また，段板の手前側のエッジは粗く仕上げられている。この階段はエントリー・エリアから子供用のリビング・ルームとして使われるプレイルームに続いている。たとえばベッカード邸の場合と同様に，そのプレイルームは子供たちに，住宅内に自分自身の場所をもつという強い感覚を与え，またそれはファミリールームとしても機能している。かなり深めの張出しをもつ大きな屋根面が，舗装された屋外リビング・スペースを覆っている。この屋根面には慎重に位置決めされた開口部が開けられ，重量感を低減されている。これは，初期のスターリン邸，お

内部の詳細。組込式キャビネット，壁パネル材，びしゃん仕上げのプレキャスト・ドアフレーム，そして，連続的な石のフロア。

後方に見えるのは，書斎の暖炉で，幾何学的正確さを見せる。その先はケルファー夫人の寝室への入口である。

数段あがると，そこはケルファー博士のオフィスで，彼のデスクからは素晴らしい景観を一望できる。事務機器が納められた通路兼用の部屋がケルファー博士の寝室に続いているが，もうひとつのドアは夫人の寝室に通じている。そこからそれたところにある，浴室をもつドレッシングルームは，2つの寝室間のもうひとつのリンクとなっている。異なる長さの2つの石壁

設計中に描かれた住宅のスケッチ。湖の上空から見た立面である。急な地形のために、この立面の写真をとることは不可能である。実際は、この面が主要な立面である。
Illustration: Alexi Vergun

メインレベルから上のレベルへとつながる内部の階段は、ラフにカットした花崗岩のステップから成る。

よび初期のロビンソン邸を想い起こさせるものである。飛石づたいに約50メートル登った所に別棟がある。ここにはプール・パビリオンと附帯する来客用の設備が収められている。その内部は、4つの大きな天窓を通して自然光を採り入れている。

　ベッカードは敷地内の既存の樹木を避けるように自邸を配置したが、ブロイヤーはここで同じ手法をとっている。現存している樹木は、屋根テラスの張出し部分の開口部を抜けて成長する。下部に植えられた植栽は、その開口部を通って降ってくる雨水と日光によって養われるのだ。上のデッキから眺めると、開口部からのぞく木々の頂部は、一風変わったランドスケープ上の特徴となっている。木々を住宅の足元に持ち込むことで、この住宅の屋内と屋外の関係はますます近いものとなるのだ。

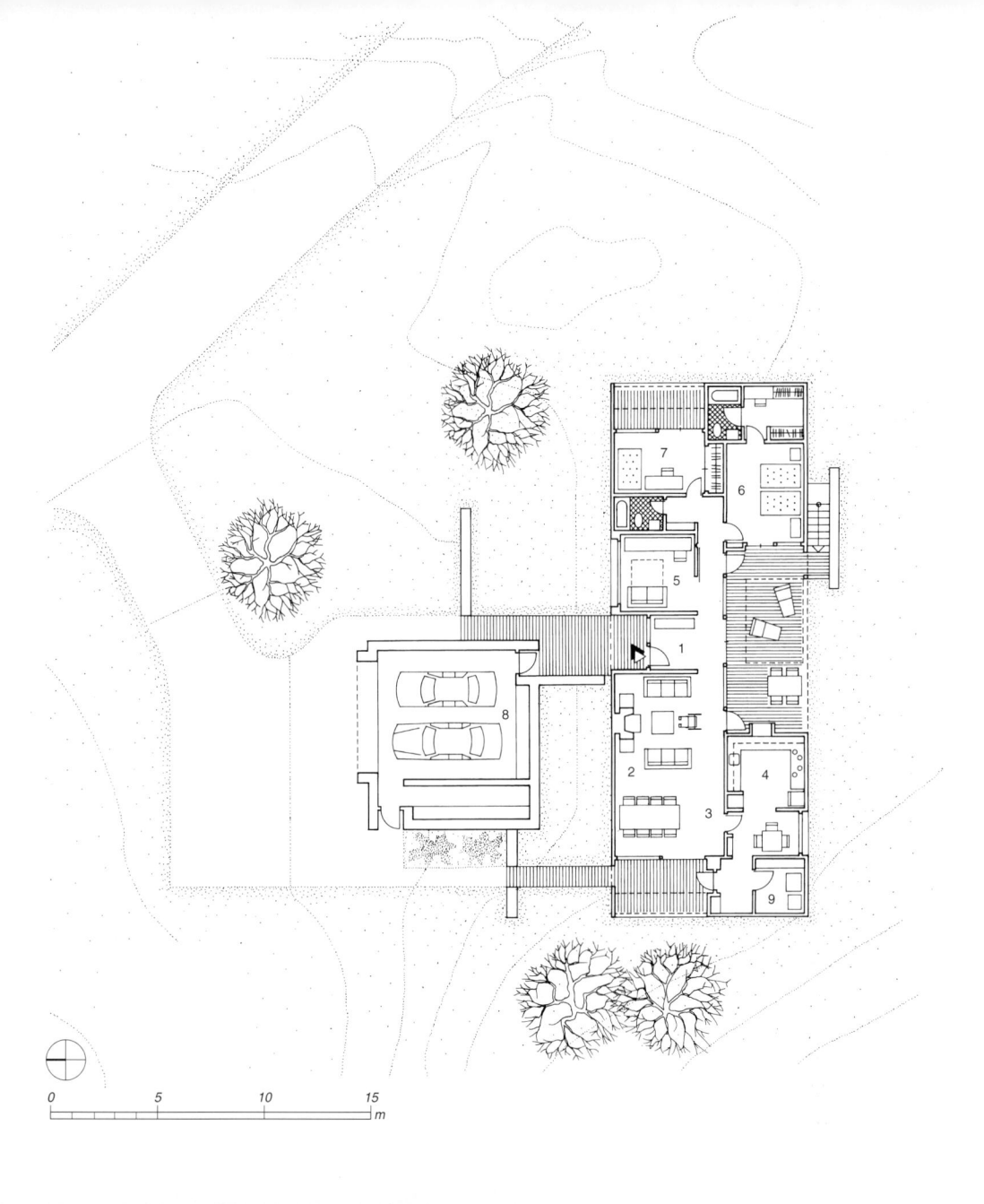

1. エントリー
2. リビング
3. ダイニング
4. キッチン
5. 書斎・各室
6. 主寝室
7. 子供用寝室
8. 車庫・倉庫
9. 機械室

リード邸

コネチカット州ダンベリー、1968年
約2,200平方フィート
設計：ハーバート・ベッカード

激しい起伏のある地形の上に、この住宅は片持ちで張り出している。西側と南側のポーチは建物全体の枠組みのなかに含まれている。
photo: Fred Picker

　この住宅の設計は、住人がいつも太陽の動きを追えるようにすること、を中心に展開された。クライアントであるジョージ・リードは、朝は寝室東側のデッキにいて、日中をメイン・デッキで過ごし、夕方にはダイニングの脇、西側のデッキに出ることができる。昼間の日光を浴びたい、外へ出たいというリード氏の願望は、車椅子使用による行動上の制限のためであった。いつでも、どこからでもすぐに戸外に出ることができる。このことは単純なようで、実はかなりややこしい課題となった。住宅の中心部分に大きな動線を据えた平面計画、ドアの数を増やさないこと、また床面に滑らかなクオリータイルのような材料を用いること。車椅子での移動には、こういった細かいディテールに十分配慮する必要がある。リリアン・リード夫人は当時を回想して、次のように語っている。「私たちは伝統的な様式の住宅に住んでいました。当時、部屋から部屋への移動は本当に重荷で、今度新築する時にはどうするべきなのか、経験的に分かっていました。その古い住宅には、ジョージが入ることすらできない部屋があったのです。私たちは室内空間がどうあるべきか、そしてどうやって外に出るか、ということに関しては、はじめからよく分かっていたのです。」

　そういった条件にもかかわらず、この住宅はリード氏のニーズにばかり合わせたわけではなかった。下手をすると、夫人と若い息子には、かえって使いにくいものとなるかもしれないからだ。ベッカードの記憶によれば、ジョージ・リードは、他のクライアントにもまして空間とその空間相互の関係を理解し、図面上の詳細と寸法を読むことができた。残念なことに、この住宅に移ってすぐに、リード氏は小児麻痺による合併症のために亡くなった。リード夫妻は、ベッカードと仕事の上でばかりでなく、友人としての付き合いをしていた。そのため、ベッカードにとってリード氏の死は、あまりに辛い出来事であった。リリアン・リードは、今でもこの住宅に住み続けている。彼女は建築中のさまざまな段階で絶えずこの住宅を訪れたことを記憶している。「ジョージは本当に熱中していて、金槌と釘を持ち出すことができたら、自分でこの住宅を建ててしまったかもしれません。これはプロジェクトとしてはジョージの住宅でしたが、彼はだれでもが住める住宅になる

西から眺めると、2つの斜路のうちのひとつがサービス用ポーチに架かっているのが見える。この住宅本体はでこぼこした地盤の上に浮いているが、石のガレージはしっかりと地面に張り付いている。
photo: Ben Schnall

ということを知っていたのです」。リリアン・リードを除いて、この住宅が特に障害者対応を念頭に設計されたとはわからないであろう。

それは、その当時のユニバーサルデザインの原理を十分に満たすものであった。合衆国連邦政府のガイドラインによれば、障害者対応の住宅は、室内外に容易にアクセスできるように地面レベルに打たれたスラブの上に建てるように指導されていた。しかし、ベッカードは設計の早い段階から、リード氏は"地面を離れたい"に違いないと思っていた。いつも地表面にいることを余儀なくされている人は、地面から離れて、まったく異なる体験をしたいだろう。その経験は、自分だけに頼ること、言いかえれば自立することを意味するのかもしれない。

また、車椅子は芝生の上では自由に動けないので、住宅全体を木のデッキとポーチを使って宙に浮かし、ごくなだらかな傾斜をもつ斜路でそのポーチに至るようにすれば、車椅子でも屋外での生活を十分に満喫できる、とベッカードは考えていた。その結果、浮遊感を与えられたこの住宅は、どことなくツリーハウスにたとえられた。

ブロイヤー/ローベック邸のオーナー、ローベック氏は、自邸を語る時に、これと全く同じ表現を使っていたが、この一致は注目に値する。

敷地は岩の多い不整地で、木々がかたまって周囲に点在している。この景観は建物をさらに持ち上げてみせる効果がある。この住宅は、やや引き込まれた基壇の上に載っていて、東端と西端でカンチレバーされている。その基壇部のなかには、貯蔵庫とヒーター室が据えられている。重厚なフィールド・ストーンの壁をもつガレージは地面にしっかり根をおろしているが、

東側立面。敷地の境界を示す、既存の古い石壁はそのまま保存された。メインエントランスへの斜路がこの住宅を地面と結んでいる。
photo: Ben Schnall

後部では、住宅はうねったランドスケープを横断して強い水平線を見せている。右側に見える石壁の後ろに地面へ下りる階段が置かれている。この住宅は古い石壁と平行に置かれている。
photo: Fred Picker

その少し先にある住宅本体はそれと対照的に地盤面から浮いている。そして両者は緩い斜路でつながれているのだ。

　北側の立面は、細い水平窓がひとつあるだけで、それ以外はヒマラヤスギの板材が貼られたソリッドな壁である。他の3つの立面では住宅は大きく開放されているが、この北面ではディテールが重要な役割を演じている。地面から空中への切り替わり、斜路の使用、そして、控えめな入口側ファサードに対して明確に表現された後部ファサード。こういった要素は、スターキー邸を想起させるものである。

　住宅の外装は大部分ヒマラヤスギの板材で、ガレージや住宅の裏側、さらに住宅全体が載っている基壇にも使われたフィールド・ストーンと絶妙な対照をなしている。既存のフィールド・ストーンの壁は、何十年も前に牧草地の境界を示すために作られたものである。この壁はモルタルを使わずに積み上げられ、住宅の南側ファサードと平行の位置に見えるものがそれである。その自由奔放でいて、今にも崩れそうなたたずまいは、住宅本体の明確な幾何学形態との対比で、ますます際立つものとなっている。この既存の壁は、この住宅の配置を決める際の大きな決定要因であった。ベッカードはその壁の存在を与条件として十分に利用したいと考えていた。木であれ、丘の斜面であれ、または、この壁のようにその場所が過去にどのように使われたかを物語る遺物であっても、ベッカードは、すでに存在したランドスケープ上の特徴をできるだけ保つように心がけている。

　住宅へのアクセスに関しては、リード氏が自分で車を運転してガレージに入れ、メインエントランスへの斜路を上がり、自力でドアを開けて住宅に入ることが理想であった。もうひとつの斜路はデッキを介してキッチンに通じるもので、西側つまり住宅の前面に置かれているが、大部分は車庫のかげになっている。この斜路は勝手口として、この住宅への日常の入口として使われる。

　住宅後部の中央に位置するメイン・デッキは、この住宅の焦点であり、よく目立つ空間である。このデッキから住宅内部の大部分を眺めることができ、また、明らかに屋内空間と一体化した空間である。いずれのデッキも完全に開放されているわけではなく、屋根面からデッキ上を横切って伸びていく自由梁が、この住宅の形態を完

ダイニング・エリアからリビング・エリアを望む。外装に使われたヒマラヤスギの板は，内装にも使われたが，ここでは水平方向に貼られている。薪とレコード収納棚を組み込まれた，びしゃん仕上げの暖炉は，天窓を経て降り注ぐ自然光によって強調されている。
photo: Fred Picker

結させているのだ。これはシュワルツ邸あるいはブロイヤー/ブラッティ邸に見られるものと似ている。結果としてそれらのデッキは，建物全体のなかで単なる凹んだ空間というよりも，むしろコートヤードに近い空間となっている。キッチンからメイン・デッキに向けて窓が設けられ，そこを通して直接料理を手渡すことができるようになっている。屋外で食事をする準備を整えるためである。メイン・デッキのガラスの引戸を開けると，メイン・リビングエリア，エントリーエリア，そして主寝室エリアへ直接アクセスができるようになっている。また，小さな書斎兼ゲスト用客室へは他の部屋を通ってアクセスができる。メイン・デッキ脇の短い階段を下りると，芝が一面に生えた地表面に至る。子供部屋のデッキ，ダイニングエリア脇のもうひとつのデッキ，そしてメインのデッキ，これら3つのデッキはいずれも生活圏を拡大し，また各個人に合わせた場所を形成しているのだ。たとえば，息子であるダッフィー・リードは，東側に専用のプライベート・デッキをもっている。それがなければあまりにも部屋が狭いので，彼にとっては重要な拡張空間となっていた。

原案では，この住宅のレイアウトは実際に建ったものと全く逆であった。寝室ではなくキッチンが道路側に面していた方が設計上意味をなしたが，リード夫人はガレージからキッチンへ容易にアクセスできることの方がはるかに重要

ブロイヤーとベッカードは、ドアのない開放型平面計画を好むが、車椅子使用者には必須である。クオリータイルの床は、車椅子での移動を容易にしている。左側のガラス壁は、南側ポーチとリビングの境界に置かれている。
photo: Ben Schnall

だと感じていたので、それに従って平面プランが反転された。ブロイヤーとベッカードの住宅のほとんどは、ガレージはあえて住宅本体から遠くに離されていることが多いが、この住宅の場合はやや異なる。それは、クライアントが必要性に迫られていたからである。第2ゲラー邸や第2スティルマン邸と同様、リビング、ダイニング、そしてキッチンのエリアを一体化することが提案された。「当時、私は若い女性として……まだ若かったのです……汚れた皿がカウンターに載っているのをだれかに見られるのではないか、という思いにとりつかれたのです。私はそう思うこと自体に耐えられませんでした。私は、閉鎖型のキッチンが絶対だと主張し、一時はダイニングを分けることさえ望んでいたのです」。ベッカードは、リード夫人を説得した。「リビングルームとダイニングルームは、2つに細切れにされた部屋よりも、ひとつの風通しの良い、大きなスペースにした方がよいのではないか」と。

一体化したリビング・ダイニングエリアで、最もドラマティックなディテールとしてあげられるのは、びしゃん仕上げコンクリートの暖炉の前に設けられた天窓である。この暖炉はベッカードの住宅にしてはやや小さめだが、これは部屋の小さめのサイズに合わせたためである。

自然光の束が、非常に彫刻的な暖炉を照らし、リビングスペースの談話スペースをスポットライトのように照らしている。天窓は、南面と西面からの採光とあわせて、一日を通じて移り変わる光の美しさをもたらしている。外装の、薄く色がついたヒマラヤスギ材は内装仕上げの一部にも使われているが、その他の内装壁はプラスターボードのペイント仕上げとなっている。フロアタイルは、柔らかいグレーである。天井は、粗い素材感の吸音タイルで、ジョイントが見えにくく、プラスター・スタッコ仕上げとよく似た見かけのものである。材料の色彩が全体的に抑えられているため、書斎兼客室および主寝室の壁に塗られたブロイヤーブルーが目に鮮やかである。

この住宅に住み続けてきたリード夫人は、25年にわたるこの住宅での住み心地を総括して、次のように言った。「季節を問わずいつでも屋外に出ることができる、という感覚があります。屋外に暮らす感覚でありながら、屋内で安全に守られているわけです。」

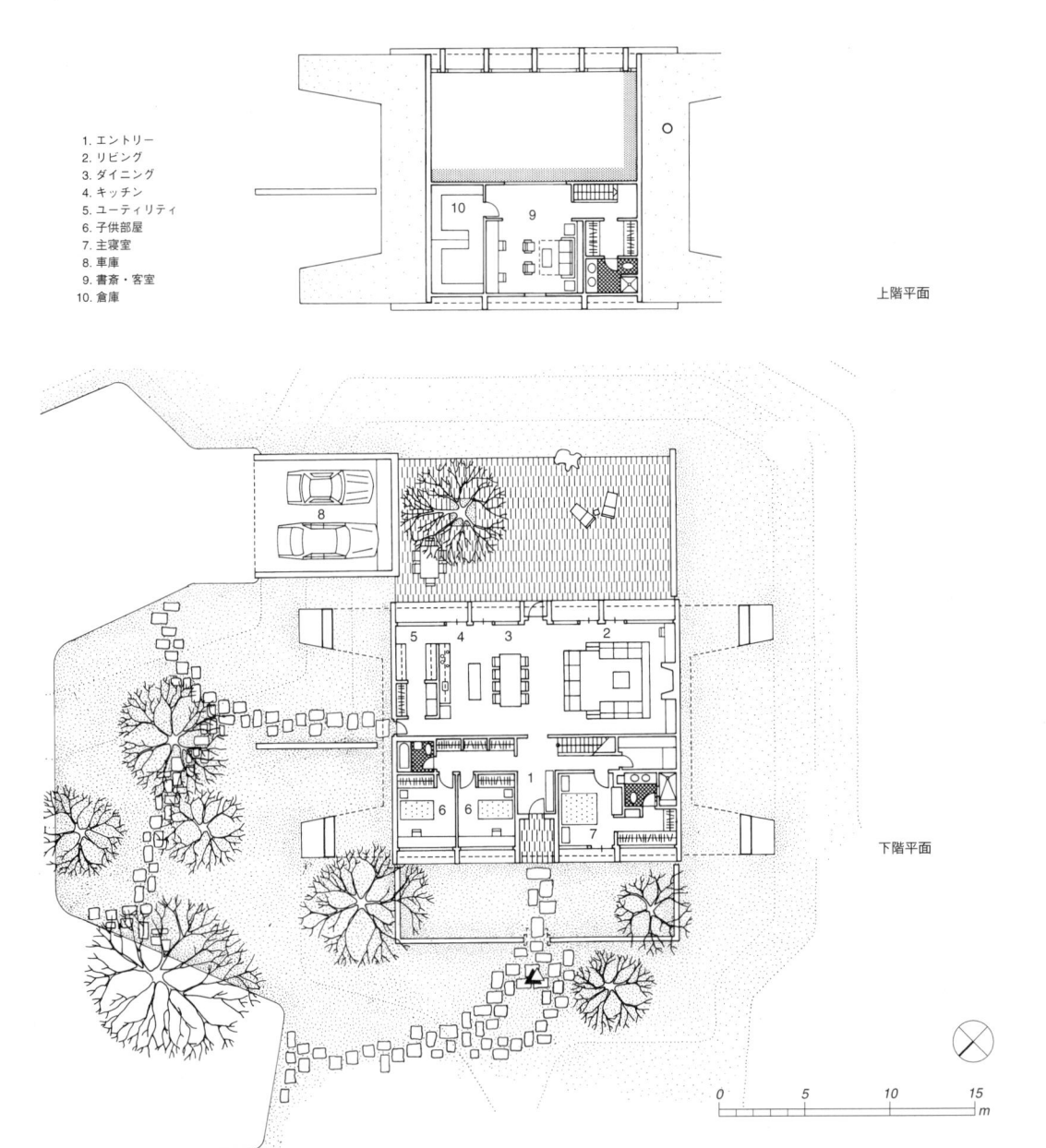

1. エントリー
2. リビング
3. ダイニング
4. キッチン
5. ユーティリティ
6. 子供部屋
7. 主寝室
8. 車庫
9. 書斎・客室
10. 倉庫

上階平面

下階平面

第2ゲラー邸

ニューヨーク州ロングアイランド，ローレンス，1969年
約4,500平方フィート
設計：マルセル・ブロイヤー，ハーバート・ベッカード

入口あるいは北側ファサードは，後面よりもおとなしいものとなっている。寝室は，囲まれた中庭に面している。上部の窓は，上階の客室・書斎に，もうひとつの眺望を与えている。住宅の配置は，一部現存する樹木によって決まったものである。
photo: Ben Schnall

1945年，バートとフィリス・ゲラー夫妻がロングアイランドのローレンスに建てる住宅の設計をブロイヤーに依頼した時，彼らもブロイヤーも，その住宅がその街は無論のこと，アメリカの住宅建築にどれほどの衝撃をもたらすか，想像さえできなかった。その住宅と来客棟は，オーシャン・アヴェニューに面した敷地に建っていた。反転した"バタフライ型"の屋根。低く流れるような全体像。無塗装のイトスギ材の壁。"浮遊する"カーポート。台形および水平な帯状の窓をもつ立面。その街の住人のなかには，「侵犯だ」と驚いた人もいれば，「さわやかで革命的なデザインだ」という人もいた。富裕な米国の郊外地によくあるように，ここローレンスでもしっかりと伝統的な様式建築，特にコロニアル様式とチューダー様式が，何十年間にもわたって建て続けられてきた。ゲラー夫妻は，ブロイヤーに設計依頼をした頃，まだ30代前半であったが，冒険を全く恐れなかった。1945年当時，アメリカの郊外住宅地には，モダン住宅など存在しなかった。その頃，弱冠20歳のベッカードは，太平洋における海軍兵役から戻ってきたばかりであった。兵役前に工学部に2年弱在籍していたが，1946年，自分の故郷の街でその住宅を見たことは，まさに目が覚めるような経験であった。「建築家になりたいという私の心の底にあった想いを呼び起こし，決心させたのはゲラー邸だった」と彼は言う。

それから20数年経ち，ゲラー家では子供たちが巣立っていった。ゲラー夫妻は相変わらずモダニストの美学に惹かれ，そろそろ同じ地域に新しく違う住宅を建てたい，と思うようになっていた。道を少し下った所にある，このドラマティックな6エーカーの敷地には樹木が茂っていて，絵に描いたように美しい湿地帯があり，さらにその先は大西洋に開けていた。

ブロイヤーとベッカードは，それより10年ほど前に，ある住宅をコロラド州アスペンに建てる予定で設計していた。コンセプトとなる平面計画と大部分の実施設計図は完成されていたが，その段階でクライアントが急死してしまった。ブロイヤーは，会社を率い，従業員を抱える実業家として，また優れた住宅作家を自負する建築家として，きわめて現実的であった。彼はゲラー夫妻に，この以前に制作した設計案に興味があるかどうか尋ねた。彼らは興味を示し，こ

メインの後部ファサードは、南に面している。粗い板と木材で型取られたコンクリートの壁は、隣地からテラスを保護している。板と木材で型取られた日除け窓は、非常に深く引き込まれているので、各エレメントに特徴が生じている。矩形のエレメントは、アーチの流れとはっきりとしたコントラストを見せている。右に見えているのは、コンスタンティノ・ニヴォラによる彫刻である。
photo: Tom Breuer

コートヤードと住宅への入口はある意味で抽象的なもので、日本のかたちを想い起こさせるものである。この写真は、ドアを開いた状態で撮られている。住宅に入っていく時にこの光景を目にするわけである。

の設計案はこの新たなクライアントのニーズと新しい敷地の両方に適するようにいくつかのデザイン上の調整を経て、着工されることになった。また原設計のころは、ブロイヤーとベッカードがコンクリート技術に関心をもってから比較的日が浅かったので、技術的問題を解決する必要があり、その結果、設計変更となることもあった。

この住宅は放物線をもとにしている。結果として、この室内空間は広びろとしていて、切れ目がなく、自然光が明るく射し込んでいる。メインの立面はこの住宅では後面にあたり、湿地帯への壮観な眺望を得ている。この立面全体は二層のわたるコンクリート製の格子状スクリーンで構成され、この住宅を構成する現場打ちコンクリート・シェルから完全に独立している。ここに現われたさまざまな幾何学形態は、実用的なスクリーン装置としてばかりではなく、向こう側の風景を切り取るフレームとしての働きをもっている。どのような形の窓がどのような視野をもたらすかということの重要性は、なかなか認識されないものだ。ここではその意味を十分に発揮している。視界は、水平、垂直そして三角形の開口部で決められている。コンクリートによる形の構成は一見構造上の理由に見えるが、最終的には審美的な視点から設計されている。たとえば、ベッカードは、純粋な正方形はあまりに不自然だと考えるので、一目見ただけでは正方形だと思われても、実は正方形ではないこともあるのだ。この住宅では水平性が強調されており、ブロイヤーとベッカードは、全体構成が複雑になりすぎないように注意しながら、各形態をできる限りはっきりとさせるために時間を割いた。彼らは、また、各エレメントをできる限り明確に形作って、それぞれをずらしながら組み合わせるような構成を狙っていた。そのために、各窓ガラスは深く引き込まれた位置に置かれている。垂直部材は、どれひとつとっても上から下まで届いているものはなく、そしてファサード全体を見ても一定間隔に分割された部分は見当たらない。

北に面した入口ファサードは、さらに静かで控えめである。板と材木をかたどった、高さ1.65メートルのコンクリートの壁が、寝室から見えるロックガーデンとコートヤードを囲んでいる。コンクリートの門構えは、日本の伝統的な形を想起させる。この門はあたかも空間に浮かんでいるようで、壁と結ばれてこの住宅への入口を格式づけている。この門は、住宅の入口ドアと中心軸が揃っていて、

南側立面を正面から見ると、この住宅を構成する放物線のアーチを十分に見ることができる。舗装されたエリアは、形にとらわれない戸外での生活を考慮している。
photo: Ben Schnall

入口が開いているときには住宅を素通しで見通すことができるのだ。南側ファサードが主にガラスで構成されているのに比べて、北側ではペイントされたスタッコが壁仕上げ材に使われ、その壁をコンクリート部材で分割されている。この北側立面では、ほぼ正方形の開口部がひとつだけ放物線の中心にあけられている。

エントリーコートの壁、そして屋外テラスでのプライバシーを隣地から確保するための東側と西側の後部の壁は、この流れるような形の住宅に対して水平方向での引き立て役となっている。その東側の壁はカーポートの側壁となっている。すべての壁が同じ高さとなるように、カーポート自体がわずかに凹んだ位置におかれている。

ブロイヤーとベッカードは、住宅の審美的な側面と同じくらい、技術的な側面を強調することがあった。ここでは、技術的な要素が審美的なものとなるまで、技術的な面を追求したのだ。粗い仕上げのコンクリートの壁はていねいに処理され、そして住宅の形そのものが驚きを与えるように考えられている。そのアーチと地表面が作る隙間は、地面に接するあたりで洞窟のような空間をもたらしている。アーチの推力、つまり外へ向かって開こうとする力は、これらの支持点で吸収される。支持点同士は地下の引張り材によって結ば

リビングエリア，ダイニングエリアそしてキッチンは，ひと連なりの空間である。床貼りは不規則にはられたブルーストーンで，これは同じものが最初の住宅に使われたこともあって，ゲラー夫妻が特にリクエストしたものである。アーチの内側の面は，音響上の理由のため粗いコルクによって覆われている。
photo: Tom Breuer

れている。
　アーチにつながる仕切り壁は，スリップ・ジョイントをもっている。温度変化に応じてアーチが上昇あるいは下降するため，垂直方向の変位をある程度許すためである。コンクリート製の側壁と日除けは，圧縮性のネオプレン・スポンジを仕込んだ継ぎ目によってア

ーチから分離されている。
　アーチと日除けでは，はめ込み式の型枠板を使ってコンクリートを打たれ，その押し型がコンクリートに残っているのが見える。また，木型を締めるためのタイ・バーのあとも残されている。完成したコンクリートに残るコーンの抜き取りあとは完全には埋められず，

この住宅に未加工な，あるいはほとんど仕上げをしていないような外見を与えている。そういった，ランダムでラフな表現にしたのに対して，テラスに用いられたブルーストーンは，厳格に幾何学的に貼られている。一方，屋内のブルーストーンの床貼りは，不定形のものを，恣意的に配したように見

南東コーナーからの眺め。タイ・バーをはずした後の、コンクリートに残った穴はそのままにしてある。輪郭を見ると、コンクリートのスクリーンは丸屋根の端部を越えて伸びているのがわかる。
photo: Ben Schnall

　える。
　形式ばらないことが，内装計画の鍵であった。メインエリアの，リビング・ダイニングエリアとキッチンは，ひとつの空間として機能している。談話エリアは，家具配置ばかりではなく，ピットを設けて凹んでいることによって示されている。その結果，この部屋の高さ感がより強調されている。ピットの片側は，座席とディスプレイ棚として機能している。低く凹んだエリアの床面はカーペット敷きとなっている。これは，ひとつにはドーム状の丸天井から来る反響への対策など，音響的理由によるものである。キッチンのキャビネット壁の後ろには貯蔵庫と洗濯場が配されている。

　3つの寝室は，この住宅の入口側にあり，放物線を横方向に二分割するプラスターボード壁の後ろに位置している。寝室部分の天井は平らで，これはその部分の2階にあたるエリアが，大型個室兼書斎になっているためである。その2階に位置する部屋の天井は，アーチの形から決められている。また，メイン・リビングエリアを見下ろす位置にあり，両側が斜めになった開口部をもっていて，下から見たときにその部屋の存在を示している。

　メインエリアの天井は，白く塗られたコルク材で作られている。一方，寝室にも同じ素材が使われているが，こちらはオリジナルの濃い茶色のままである。この素材は，両建築家がとても気に入っていた材料であるばかりでなく，反響を減少するという音響的な利点がある。そのコルクは，実はコンクリート・シェルを形作った型枠のライナーで，工事中は支持用のピンが出ていた。型枠がはずさ

ダイニングエリアからキッチンを眺める。キッチンの設備類はチャコールグレーでまとめられている。一方、ブロイヤーがデザインしたテーブルはごま塩色の花崗岩で、ブロイヤーの"チェスカ"チェアが合わされている。紡がれたようなプラスチック製ランプはどことなく日本的である。

photo: Ben Schnall

上のレベルの客室・書斎からの眺め。バルコニーだけを介して、メイン・スペースからこの部分は分離されている。多様な窓の形は、さまざまな眺めを作っている。
photo: Ben Schnall

れた時点で、コルクはコンクリートに貼り付けたまま残されたのだ。

　自由な流れをもつ彫刻的実体と、この敷地のドラマをできるだけ十分に生かした、実用的でありながら革新的な構造上の解決案との間に強い相乗効果が生まれた。この住宅は角を落とした柔らかな形態をとっている。これは、林から湿地帯へ、さらに大西洋にまで広がっていくこの敷地の特性を、いろいろな点で反映したものである。オリジナルのゲラー邸と異なり、この住宅は、交通量の多い道路から比較的奥まった位置に置かれ、茂った樹木によって隠されている。もし、最初の住宅と同じくらい目につく位置にあったとしたら、そのいくぶん風変わりな形態を考えると、さらに熱狂的な注目を集めていたかもしれない。

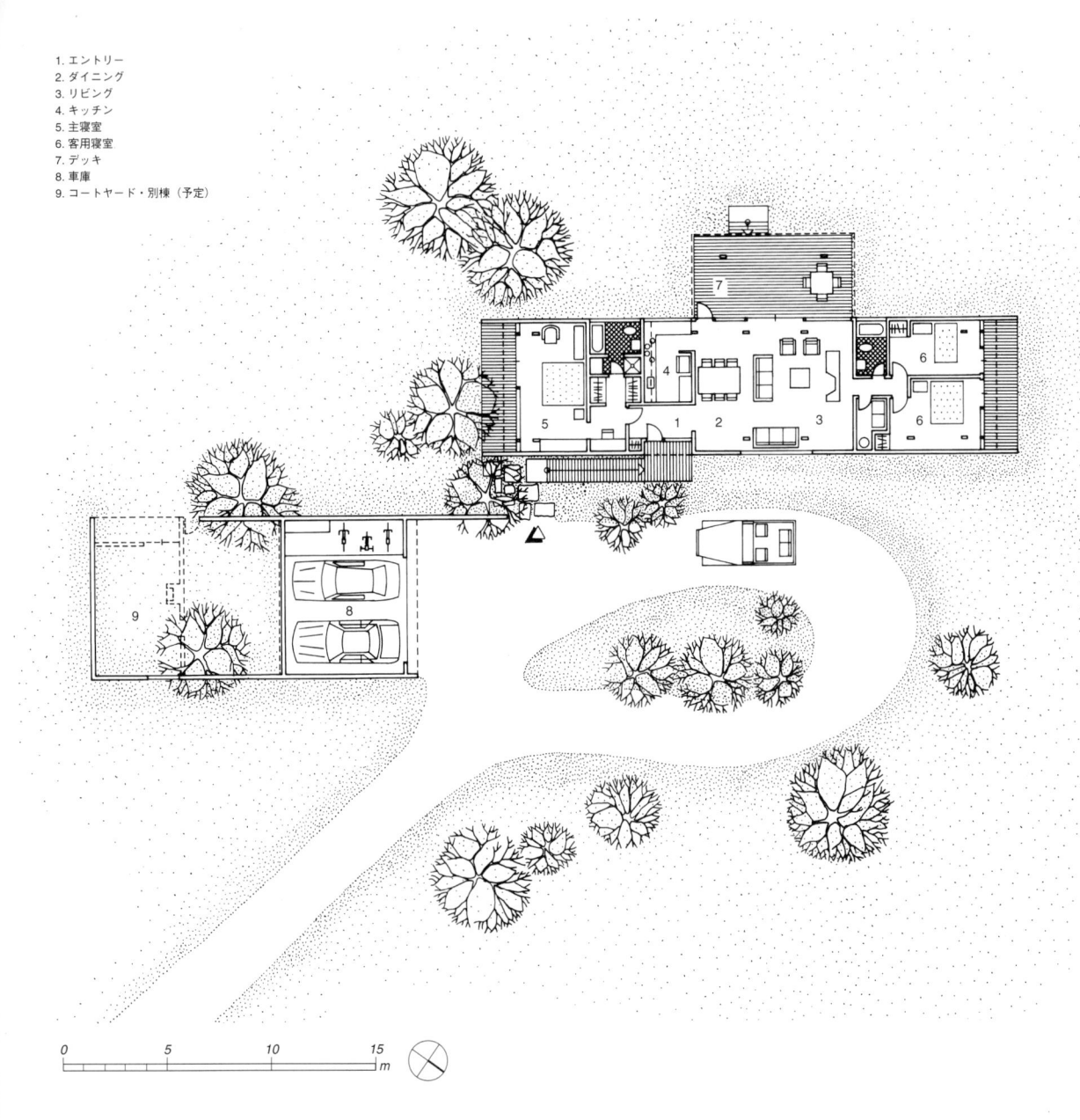

1. エントリー
2. ダイニング
3. リビング
4. キッチン
5. 主寝室
6. 客用寝室
7. デッキ
8. 車庫
9. コートヤード・別棟（予定）

ローゼンバーグ邸

ニューヨーク州イーストハンプトン、1969年
約2,700平方フィート
設計：ハーバート・ベッカード、担当：ジェフ・ヴァンデンバーグ

近づくにつれ、住宅はますますランドスケープのなかに溶け込んでいく。木の板で構成された長く水平な存在は、斜路付きの入口、水平窓、そしてガレージドア以外に妨げるものはない。

photo: Joseph W. Molitor

人によってはこの住宅をランドスケープのなかに見失ってしまうかもしれない。それほどこの住宅は、ランドスケープと一体化しているのだ。ベッカードが目標としたのは、この住宅をそのランドスケープと張り合うのではなく、できるだけ溶け込ませることであった。ハンプトンズに多く存在する裕福な週末住宅のほとんどとは異なり、ローゼンバーグ邸は森のなかのシンプルな別荘で、アーノルドとロシェル・ローゼンバーグ夫妻の週末の必要性に合わせたものである。この森は、冬場は著しくやせ細り、夏場は向こうが見えないほど生い茂る。アーノルド・ローゼンバーグはそんな森に面して暮らすことについて次のように語った。「とても刺激的で面白い。まるで船に乗っているみたいだ。」

やや小さめの木が大きな木の根元を囲むように生えている。これはロングアイランドの東部では典型的な風景で、そのなかにこの住宅は浮遊する水平に長い存在として現われてくる。4エーカーもある敷地全体にまっすぐに生えた木々が林立する風景を見て、ベッカードは水平方向に長い形態でバランスをとるのが適切だと考えた。そうすることで、木々の直線的な印象が最大限に生かされるのだ。こうして、イトスギを主な材料とするこの住宅が、ランドスケープにうまく溶け込みながら、何とか対比を保つことができている。著名な商業写真家であるクライアントにとって、この住宅は彼が望んだとおりに「維持が容易で、この場所にしか有り得ないもの」となった。

この住宅は、2つの長方形からできている。ある角度から見るとそれら2つの長方形は交わっているように見えるが、これは、ガレージの外壁の延長部分が住宅の端部と重なっているためである。自立した壁のように見えるものは、ガレージの壁の延長部分なのだ。このガレージは、その後ろにあるコートヤードとともにデザインされ、そのコートヤードの回りに将来的にゲストハウス棟を建てることを想定している。住宅の入口側で目にとまるものは、スロープを上がったところにある非対称に配置された入口と細い水平窓である。この窓は高い位置に設けられ、道路側からのプライバシーを確保し、また東からの日差しを抑えている。窓があることを別とすれば、このファサードはフーパー邸を連想させるものである。ほぼ正方形の大きなエントリーが切り込まれていること以外、このファサードは水平に置かれた完全にソリッドな存在となっている。

外観上のディテールでは、垂直方向と斜め方向に交互に貼られた木の板材が目につく。また、この住宅の浮遊性も印象的である。ここではコンクリート基礎とカンチレバーされた床面によって、地面から60センチ"浮上"しているのだ。その敷地のもつ湿度の高さに対する処置というのが主な理由であるが、これはまた、ランドスケープ上、住宅の存在感を最小限に

西側では、メインデッキは軒によって大部分蓋われている。一方、それに隣接した一段低いデッキでは(これは後年の増築なので平面図には現われていない)、かなりの直射日光を受けることができる。狭いスリット状の窓は、キッチンとトイレの位置を示している。
photo: Joseph W. Molitor

する方法でもあった。この住宅の構造システムは、むき出しの積層板による柱と梁で成り立っている。この構造システムのおかげで、住宅の北端と南端に独立したカンチレバー部分を設けることが可能となったのだ。入口への斜路によるアプローチは、敷地のすぐ先に水面があることから、この建物に船のイメージを重ねることになって、この場所に適切なデザインといえよう。

　ブロイヤーとベッカードは、眺望をうまく活用して住宅を構成したが、眺めをすぐには見せてしまわずに、いくつかの部屋だけのために残しておくこともあった。最も劇的なものとするために、展望が開ける瞬間を最後までとっておきたいという思いは、多くの住宅、たとえば第2ゲラー邸、スターリン邸、ケルファー邸、そしてこの住宅で明らかに見ることができる。西側には湿地帯植物の広がりと静かな池があって、リビングとダイニング・エリアから見渡すことができる。3寝室のうちの2つは、プライバシーを確保するため主寝室とは反対側に位置しているが、いずれも池からは遠く、森の方向に眺めをもっている。こうして、リビング・ダイニングに入る瞬間まで、池への眺めを取っておいたのだ。また、リビング・ダイニングエリアの傍にあるメインデッキに誰かがいても、寝室にいるゲストは専用デッキがあるので、プライ

バシーを保つことができるようになっている。ベッカードによるリード邸やコーエン邸のように、すべての寝室と中心部分にあるリビングスペースは、デッキへのアクセスをもっている。メインデッキは屋根で覆われているが、すぐ脇に完全に開放された直射日光を受けるデッキがおかれている。この住宅では、屋外での生活に特別な配慮がされている。そのことは、キッチンが半開放型のギャレースペースとなっていることからもわかる。キッチンの室内に人びとが留まることは全く想定しておらず、料理することだけに効率的なようになっているのだ。キッチン脇のドアは、後部デッキに直接通じていて、そのデッキで食事をする機会が多いことを物語っている。

この住宅は、コンクリートの基壇とスラブに載っているので、中心部に置かれたリビング兼ダイニングエリアの床面にブルーストーンの板石を使うことができた。そこにはフィールド・ストーンの暖炉が非対称に置かれている。開口部とテラコッタの煙道がそれぞれ非対称に配されていて、2つのゲスト用寝室の目隠しともなっているのだ。ひとつの寝室から他の寝室に行くためには、暖炉を迂回しなければならない。こうして、この非常に彫刻的なエレメントは、たえず目にするものとなった。このように、住宅そのものの枠組み、暖炉、日除けといった設計要素は、機能的な視点もあわせて慎重に位置決めされている。これは、ブロイヤーとベッカードの住宅では基本的な傾向である。

高めに設定された基礎からこの住宅はカンチレバーされている。その基礎に支えられた暗めの色合いの積層材による柱と梁は、室内側にもはっきりと現われている。その柱と梁は、ミース・ファン・デル・ローエの家具、スカルパの長椅子、珍しいブロイヤーのアイソコン背もたれ椅子、ベッカードのダイニングテーブル、といったビンテージの家具と同じくらいに印象的なものである。マクマーレン邸の場合と同様に、暗めの色調の木製構造材は、明るめの木材あるいは白色のプラスターボードの壁と並置されている。ローゼンバーグ夫妻は、柱と梁の表面の凹凸と、それがもたらす空間のメリハリが気に入っていた。「柱の位置関係のため、その周囲に家具をとり巻くように配置することになったのです。そして小さな、ちょっと腰を下ろす場所ができましたが、これが非常に良かったのです。」

この住宅に対する一番の賞賛の言葉は、近くに住んでいたスキッドモア・オーウィングス＆メリル

主寝室脇のデッキは、メインデッキから離され、プライバシーを保っている。各エレメントの配置は、既存の木々の位置によって決められることが多い。
photo: Joseph W. Molitor

(SOM)の有名デザイナー,故ゴードン・バンシャフトのものであった。この地域では,この住宅とバンシャフト邸だけがモダン住宅であったことを忘れてはならない。ローゼンバーグはバンシャフト邸を訪問して見学することをベッカードに提案した。建築家バンシャフトは,荒々しいことで悪名高かった。ローゼンバーグはその時のことを想い出してこう語る。「私はまず,ハーブ(ベッカード)を紹介しました。すると,バンシャフトはいつものようにパイプをくわえて,渋い顔をして言いました。"君の住宅の工事現場で何か問題が あったかね。それから,基礎から突き出しているあのへんてこな柱みたいなものは何だ?"と。しかし,工事中,時折,ドライブウェイで彼の車を見かけました。何をしているか,見ているようでしたね。その家を売却してから何年か経って,バンシャフトに近くのスーパーマーケットでばったりと出会ったのです。彼はそっけなく一言だけ言いました。"あれはいい家だな"と。バンシャフトにしてみれば,最高の誉め言葉だったのでしょうね。」

ローゼンバーグはまた,この住宅の施工業者,フランク・ジョンソンのことを懐かしく想い出した。 この住宅の施工にかかった時,彼は79歳だった。ジョンソンは,まるで英国の領主邸のようなメード・ストーンクラブを含む,ハンプトンの多くの大邸宅の仕事を仕上げた経験があった。「彼は,それまでにモダン住宅の仕事をしたことがなく,生きている間にやっておくべきことのひとつだと思っていたのです。それにしても,私と妻は恵まれていました。大いに尊敬する2人のひと(ベッカードとジョンソン)に出会って,その2人に私たちが住宅について望むことを,本当に個人的なレベルで分かってもらえたのですから。」

メインデッキから南を眺める。日向と日陰が等しく配されている。
photo: Joseph W. Molitor

この程よい大きさのリビングスペースは、ゴツゴツした素材感をもつシンプルな暖炉が焦点となっていて、その先にあるゲストエリアのための目隠しになっている。右のコーナーには、珍しいブロイヤーのアイソコンチェアが置かれている。その他、ブロイヤーの"ワシリー"チェア、ミース・ファン・デル・ローエのテーブルが見える。白く塗られた壁は、暗い色合いのむき出しの柱や梁と絶妙なコントラストを見せている。
photo: Joseph W. Molitor

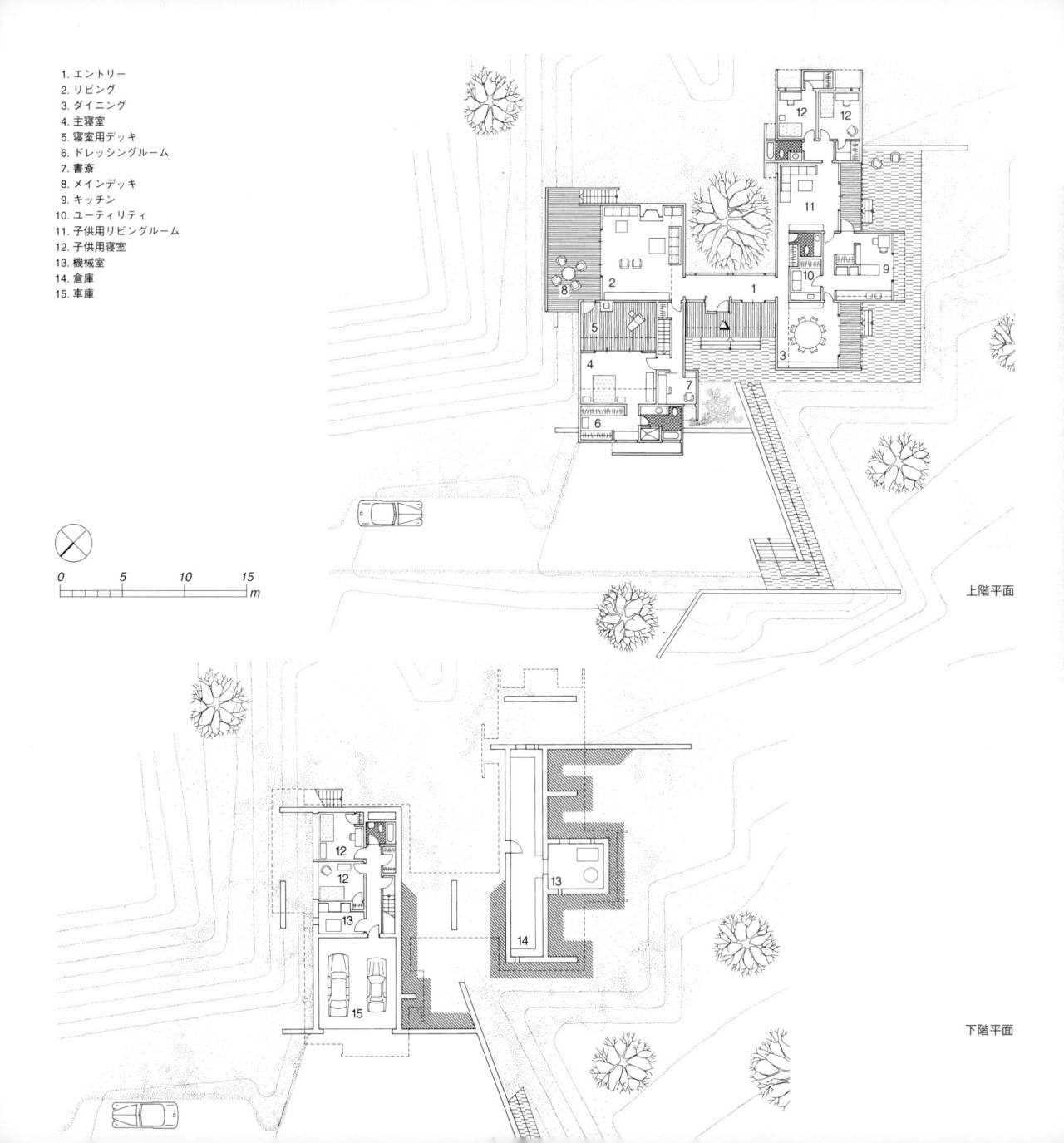

1. エントリー
2. リビング
3. ダイニング
4. 主寝室
5. 寝室用デッキ
6. ドレッシングルーム
7. 書斎
8. メインデッキ
9. キッチン
10. ユーティリティ
11. 子供用リビングルーム
12. 子供用寝室
13. 機械室
14. 倉庫
15. 車庫

上階平面

下階平面

コーエン邸

ニュージャージー州サウスオレンジ、1971年
約4,100平方フィート
設計：ハーバート・ベッカード，担当：ドナルド・クロムリー

この住宅には側方から入ることになる。掘り込まれたドライブウェイからの階段は、入口に向かって折れ曲がっていく通路に通じている。この住宅は形態の遊びが顕著である。いくつかは南北方向に置かれ、また東西方向に置かれているものもある。各エレメントは、シンプルな細い矩形のひとつのエレメントで相互に接続されている。それが入口にあたる部分である。

photo: Gil Amiaga

この住宅が現在建っている場所は、かなり長い期間にわたって、ずっと空き地だったため、何も建たない場所だと思われていた。傾斜が急な谷間がある、地形の起伏が激しい、植生が乏しい、基本的に北向きである、そして三方の隣地に住宅がかなり近接して建っている――初めて訪れた段階での敷地の条件は厳しいものであった。たいていの建築設計者あるいはクライアントは、こんなところによい住宅が建つわけがないと思っていた。従来の伝統的な住宅は、丘陵地、起伏のある敷地には建てにくいものだ。一方、モダン住宅は、基本的に何ら決まりに従う必要がないので、より容易かつ自由に敷地の状態にあわせることができる。コーエン邸はまさにその良い例である。ベッカードとブロイヤーによる多くの住宅と同様に、この住宅は浮き上がりそうになりながらも敷地に力強く貼りついているのだ。この住宅はランドスケープのさまざまな条件に従うというよりも、むしろそれらを避けているように見える。

ベッカードの自邸やニューカナンの第2ブロイヤー邸は、ランドスケープに対して、できる限り控えめに対応しようと試みるものであった。一方この住宅は、ランドスケープの特徴を丁寧に抑えこむことを試みている。下のレベルは敷地のなかにぽっかりと空いた、深い谷間の空洞を埋めるように作られた。住宅の中心部分は大きな既存の木を取り巻くように建っている。デッキと構造体は急な傾斜地の上にそそり立っている。量感のあるコンクリートの擁壁が地盤を支えていて、それは視覚的にも重要なインパクトを与えている。

道路側からは、この住宅にはほとんど窓がないように見える。ガラス面は前面以外の各ファサードのためにとってあるのだ。これは、前面にはプライバシー上の配慮が必要なことによるものだ。さて、ドライブウェイでは、コンクリートブロックの壁と現場打ちコンクリート壁の存在感に圧倒される。純粋なコンクリートの壁を、シンダーブロックの素材感と対比した方がさらに効果的であったが、目的は地崩れしないように固めることであった。住宅の各エレメントは異なった形態をもっているが、いずれもペイント仕上げをされた松材のサイディングで仕上げられている。ブルーストーンの長いアプローチは、住宅の入口正面にむかって折れ曲がり、ドライブウェイから何段かのステップを上がって、シンプルな入口テラスに至っている。住宅が地面に接する部分はすべて舗装されている。この住宅には側方から入ることになるの

後面、またはプライベート側。入口通路の舗装はそのまま住宅の足元につながり、住宅の周囲全体を回っていく。左に見える食堂は、専用デッキをもっている。
photo: Gil Amiaga

角度をつけられた通路は、劇的なアプローチを構成している。
photo: Gil Amiaga

だ。黒いドアが、ブロイヤーブルーに塗られた箱型のエントリーエリアに置かれている。その左右はガラス面となっている。

ブロイヤーとベッカードによる他の住宅とはやや異なるのが、入口ホワイエの存在である。この場所は、スケールと機能の面でやや格式をもったものとなっている。また、リビングエリアから離れていて、ここを中心として住宅内の各地点に到達することができる。さて、ホワイエに入ると、この住宅が地盤面から高く持ち上げられていることがはっきりとわかる。この住宅では、入口、キッチン、ダイニングルーム、そしてリビングルームだけが地表面と同じレベルに置かれている。さらに、ホワイエを両側から挟み込むガラス壁、張り出したデッキといった要素は、不思議な浮遊感をもたらしている。この住宅に足を一歩踏み入れた途端に、ここは屋内なのかそれとも屋外なのかという疑問が生じるのも当然である。

初期のブロイヤーとベッカードによる住宅において、主寝室と子供用寝室を分離する双核分離が確立された。この住宅では、さらにリビングスペースも分離されている。この住宅のひとつの棟は、リビングルームと主寝室スイート、それに伴うオフィス兼書斎、浴室、および大型ドレッシングエリアを含んでいる。その下のレベルには、ガレージ、機械室、貯蔵室があり、必要に応じてさらに2つの寝室が準備できるように設定されている。入口ホワイエの反対側には、ダイニングルーム、キッチン、子供用のリビングルーム、そして2つの子供用寝室がある。子供棟は、キッチンから外に通じるドアによって、大人のゾーンから分離されている。子供たちは、自分たち専用のリビングエリアや寝室へ直接アクセスできるのだ。子供が成長した時に利用価値が高いレイアウトである。部屋相互の干渉は確かにあるが、他の住宅に比べてやや明確に分割されている。ひとつには、クライアントは人を招くことが好きであり、また、部屋割りが明確な方が、多くの人びとが集まった時に扱いやすいからである。

この敷地には、プライバシーを確保できる平坦な地面は、後部以外にほとんどない。そのため戸外での生活はデッキ部分が中心となる。リビングルーム脇のメインデッキは、主寝室脇のデッキと小さなゲートをはさんでつながっている。光がそのエリアを通過して、直接日が射さない部屋にもふんだんに注いでいる。他の若干浅めのデッキは、ダイニングルーム脇と子供用リビングルーム脇に位置している。これらのデッキは建物の一部として組み込まれているので、天井面をもっている。また、いずれのデッキからも、入口の舗道につながる舗装面に下りることができる。これらのデッキは屋内から屋外テラスまでのちょうど中間にあり、空間的な転換点として有効である。ベッカードは、すべてのガラス面を深く引き込んだが、これはプライバシーを高め、直射日光を抑制し、そしてこの住宅の彫刻性を高めるためであった。

この住宅は、本質的にはすべてフラットルーフだが、ベッカードによる住宅としては初めて3つの傾斜屋根をもっている。それらの傾斜面は、主寝室、リビングルーム、そしてダイニングルームにあたる部分で、天井をより高く見せる効果がある。たとえば、リビングルームでは、低いところで2.4メートル、高いところで3.3メートルあるが、高さを得るばかりでなく、高い位置に設けられた明窓を通して、自然光を採り入れることができるようになった。たとえば、リビングルームは北側に面しているが、南側の明窓から十分に自然光が入るのだ。「この住宅は素晴らしい光と空間の競演を見せてくれる時があります」とコーエン氏は語る。たとえば彼にとっては、仕事が終わった後のカクテルアワーがそうである。「部屋中の至る所から光が降り注いでくるみたいなのです。」

アーサーとフランシス・コーエ

食堂は別棟に置かれ、全くの別室として扱われている。勾配の急な天井と斜めに貼られた木の板材は、この部屋に強い躍動感を与えている。
photo: Gil Amiaga

リビングルームの天井は、最低2.4メートル、最高3.3メートルの傾斜面である。この部屋は北に面しているが、南向きの明窓からふんだんに自然光を採り入れている。ブロイヤーとベッカードによる他の暖炉と同じように、煙道はむき出しとなっているが、暖炉自体はスタッコ壁の一部となっている。メインデッキは、リビングスペースを効果的に拡張する役目を担っている。
photo: Gil Amiaga

ン夫妻は、この住宅に21年間住み、2人の子供を育て上げた。最近になって全面的な改装をし、原設計どおりに復元する工事を完了した。入口エリアの箱型部分の壁、そして家中のドアに塗られたブロイヤーブルーは、とりわけ鮮やかである。その色合いを再生するのは非常に難しいとされているが、ひとつのドアから採ったオリジナルのペンキのかけらを用いて特別に調合された塗料を用いている。家具は完成時と同様に再生された。しかし、木の床面は原設計よりもやや暗めのトーンに仕上げられ、白い壁や明るいトーンの木製天井とより鮮やかな対照を見せている。赤みがかった茶色のウェールズ・クオリータイルは耐久性に富んだ材料で、浴室、キッチン、入口ホワイエの床面に用いられて、木の床材とうまくバランスをとっている。床材の変化は、耐水性が必要な空間への機能的かつ体感的な変化として効果的である。

「私たちはいつもモダン志向でした。私はちょうどハーブ(ベッカード)の自邸のような、石造りの四角い住宅がほしかったのです。そのため、この家の模型と平面図を見たとき、正直に言って非常に驚きました」と、コーエン氏は言う。彼はフランシン・コーエン夫人ともどもベッカード夫妻の長年の友人であった。敷地の都合上かなり地面から持ち上げなければならないので、この住宅では、石はほとんど使われなかった。その代わりに、この住宅は大部分カンチレバーされた軽量木材フレームを使っており、地面の上にあたかも浮いているようだ。空間とマスが同じ感覚で捉えられていて、地形の条件に対する論理的な回答となっている。3つの突き出た屋根、カンチレバー部分、そして見た目には独立して見える各棟。これらの特徴を考えると、この住宅は個別の住居からできた小さな村のように見える。しかしながら、内部ではプライバシーと連帯感のバランスをうまく保ちながら、この家族の生活をうまく包んでいるのだ。

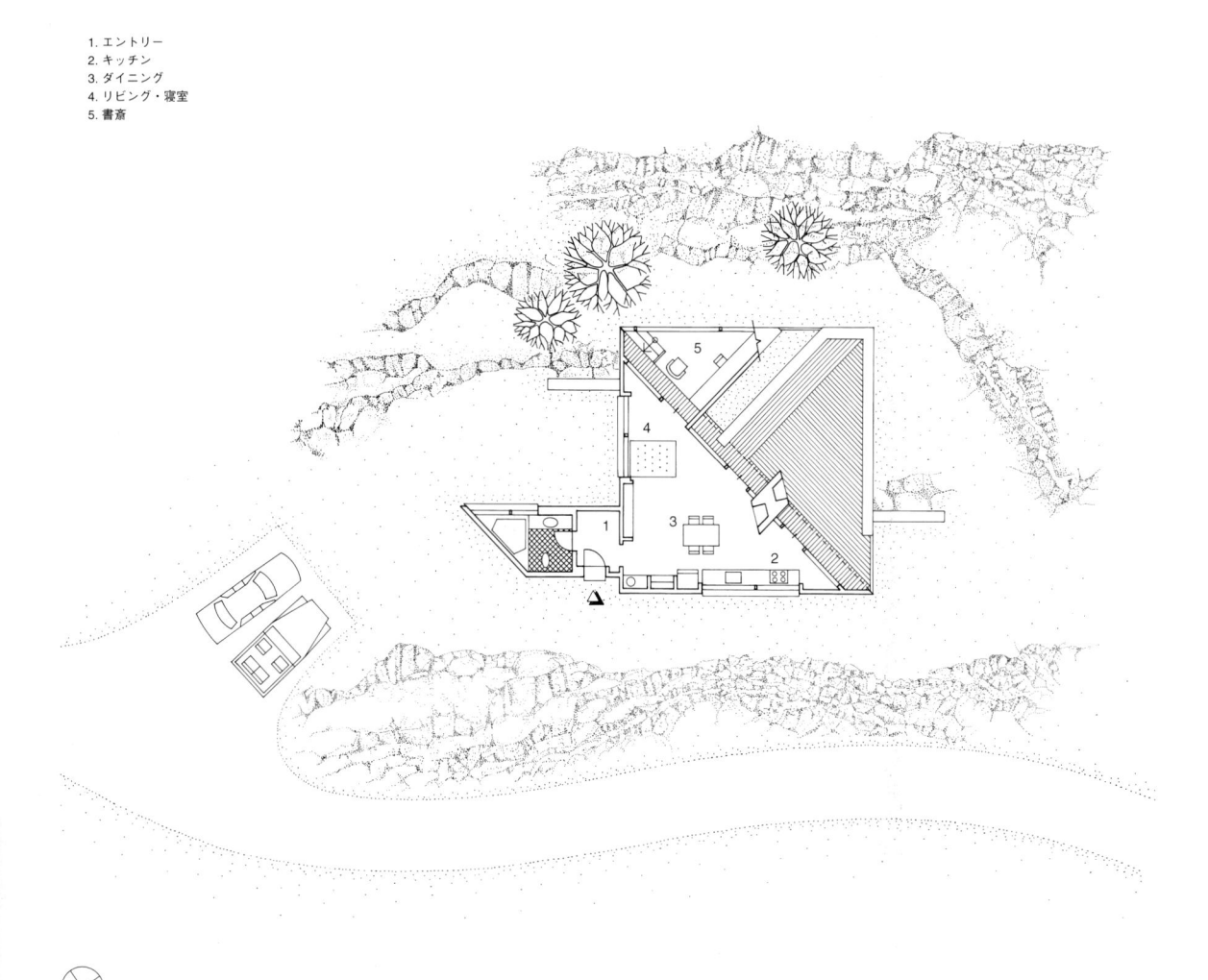

1. エントリー
2. キッチン
3. ダイニング
4. リビング・寝室
5. 書斎

第 2 ガガーリン邸
（ビッグ・サー）

カリフォルニア州ビッグ・サー，1975 年
約 600 平方フィート
設計：ハーバート・ベッカード，担当：トーマス・ヘイズ

西側にあるデッキの大きさは内部の生活圏とほとんど等しい。両面に開口部をもつじゃん仕上げの暖炉とベンチを周辺部において三角形を作っている。
photo: Joshua Freiwald

南から見るとよくわかるように、この住宅は、ランドスケープのなかに実質的に消失していく。片流れ屋根の勾配は、地形に沿うものである。
photo: Joshua Freiwald

この住宅のクライアントであるアンディ・ガガーリンは、コネチカット州リッチフィールドに、1955 年にブロイヤーとベッカードによって設計された、かなり有名な住宅のオーナーでもある。それに加えて、もうひとつ小さな西海岸の別荘がほしいと考えていたのだ。彼は自然と一体になった厳しい生活を望んでいたが、ここではその発想が極限に達したといってもよいだろう。まず彼は、この住宅には洗濯機を置きたくない、と言った。その代わりに、衣服を洗うためには太平洋まで歩いて下りていくというのだ。また、機器設備を屋内に設置する代わりに、専用の離れに収めたい、とも言っくいた。ベッカードは、またとない機会だと思いながら石づくりの離れを設計した。しかし残念なことに、設備機器は屋内に設置しなければならない、と規定するカリフォルニア州の法規のためにこれは実現しなかった。

この住宅は、片側に太平洋、そして反対側にシェラマドレ山脈を眺める壮観な海岸線に位置している。ベッカードはこの立地条件を最大限に生かすために、次にあげるいくつかの点を意識して設計をはじめた。この住宅が、ランドスケープや天候にうまく対応すること、そして、形態が勾配が急なこの地形になじむものであるということ。急角度で立ち上がる屋根は、丘の斜面の傾斜に沿っている。一方、後部のデッキが持ち上げられていて、地面が住宅の真下を抜けていくようになっている。ワイズ邸と同様、その地形が実質的に住宅の一部として取りこまれているのだ。三角形という幾何学形態は、自然なランドスケープから考えると、明らかに異質である。しかし、丘の斜面に対して最小の影響しか与えないものでもある。というのは、南西側から見ると、この住宅は丘に溶け込み、また葉に埋もれた状態となり、ランドスケープのなかに消失してしまうのだ。

この住宅のリビングスペースは、屋内にも屋外にも明確な大きさがない、つまりどこまでが屋内で、どこからが屋外か、境界面がはっきりしないので、屋内外が空間的に等価であるといってもよい。そのデッキから眺めると海と山が無限に広がっている。一方、屋内側はほとんど分割するものがないので、ひとつのオープンスペースとしての広がりを見せている。この住宅はサイズがきわめて小さい。したがって、ベッカードはこれまでのオープンプランの経験のすべてをつぎ込まなければならなかった。

その結果、部屋をひとつだけもつ住宅に、室内のリビングスペースとほぼ同じ大きさのデッキをつけたものとなった。三角形のデッキは、完全な三角形を閉じる少し手前で止まった連続ベンチで縁取

多目的空間の一部は、眠るために使われる。大きなガラス面の広がりは、細長いスリット窓と対照的である。このスリット窓は、アプローチ側からのプライバシーを保つ目的がある。
photo: Joshua Freiwald

られている。これは、微妙な不完全さを求める、ブロイヤーとベッカードの好みの良い例である。彼らの好みに関する他の例をあげると、ファサードの中心にない入口、片側によった暖炉、決して正方形ではない窓などがあげられる。床から天井まで至るガラスの引違戸は、屋内から屋外への出入りを容易にする。

　戸外での生活を、ある意味で室内と似たものとするための工夫で、もうひとつ目につくものがある。大型だがよくバランスのとれた、びしゃん仕上げのコンクリート製暖炉である。ベッカードの他の暖炉に比べると、これはそれほど彫刻的なものではないが、二面にあいた開口部は、デッキ側と屋内中央のリビング部分の両方から使えるようになっている。夜になると、カリフォルニアでもこの辺りは結構冷えることがある。この戸外の暖炉は心地よい熱源となって、人が回りに集うことになる。室内側では、煙道は暖炉の上部にある荒っぽく切り刻まれた立方体のように見えるもののなかに隠されている。その素材感、いくぶん丸くされた端部、そして慎重にくずされた構成は、日干し煉瓦を思わせるような形態となっている。

　屋内からは、太平洋、背後の山並み、そして丘陵の全景をさえぎるものもなく眺めることができる。2本の細い帯のような水平窓は、キッチンの壁とベッドの後ろの壁に配されている。急勾配の丘の斜面がすぐ向こうにあるとはいえ、それらの窓から見ると、独特の地形と木の葉のパノラマを楽しむことができる。あまりにもすぐ近くにあるので、自然歴史博物館のジオラ

細い帯状の引違窓は、睡眠用のエリアのほか、キッチンの壁にも設けられている。
平面計画上は開放的であるが、その暖炉は、キッチンとリビングエリアを視覚的に分離する効果がある。天井の傾斜は、木目の方向の違いで表現されている。

photo: Joshua Freiwald

マを見ているようである。
　勾配が急な天井は、住宅を実際よりもずっと広く感じさせる効果がある。ベッカードは、天井全面にヒマラヤスギを使うことによって、住宅の狭さによる圧迫感を緩和できると考えた。他に比較対照する材料がないからだ。カーペットのみがおそらく他の材料といえるものであろう。ベッカードは石の床を使いたかったところであろうが、クライアントは、暖炉以外にこの住宅には加熱システムがないため、石はあまりにも冷たいのではないかということを気にかけていた。
　平面計画的に見た三角形の頂点のうち、ひとつの頂点が他の2つよりも垂直方向に高い位置にあるので、その結果として生じる傾斜屋根は、特徴ある室内空間を作り出している。この空間では、調理、就寝、生活、食事、といったすべての行動が無理なく、形式ばらずに展開されている。この住宅の各エリアは小さいが、天井高が一様でないことに救われて、それぞれに個性をもたせることができた。浴室の窓は、バスタブの縁ぎりぎりまで開いている。風呂につかりながら太平洋を眺めようというわけだ。屋根ピッチの頂点部分にあたる、南東隅に開けられた大きな三角の窓は、山側の眺望を切り取るものとなっている。南東の壁にあるこの窓と、もうひとつの三角の窓は、初めて見たときには単に奇抜なデザインにしか見えない。しかし、それらの形は、屋根のライン、ヒマラヤスギの板の角度、そして、住宅端部の位置関係によって決まってくるもので、ボーンホルスト邸の窓の構成と同様に、幾何学的に面白いものとなった。
　この住宅の形や配置は、大部分が敷地の形状で決まっていったが、ベッカードはこの住宅までのアプローチを十分に誇張し、引き伸ばした。この住宅に至るには、まず、この住宅のすぐ上を走るハイウェイから小さい駐車エリアに車を入れる。そこから住宅の入口までは、急な坂道をくだっていく。入口は、三角形の最も高い頂点に隣接したところに置かれている。こうして一目でこの住宅の大胆さがわかるようになっている。
　ベッカードは、この住宅を動的な、そして劇的なものにしたいと思っていた。しかし、落ち着かないものとなることは望んでいなかった。材料に簡素なもの選んだこともあって、この住宅は非常に控えめな印象を与える。この住宅は、きわめて幾何学的な、つまり人工的な形態をとっている。一歩間違えると、丘の斜面に対して全く異質な侵入者となってしまっていたかもしれない。しかし、慎重に配置決めされ、また、うまく環境に対応するように細心の注意が払われているので、この建物は丘の斜面を十分に尊重し、ほとんど溶け込むような存在となったのだ。

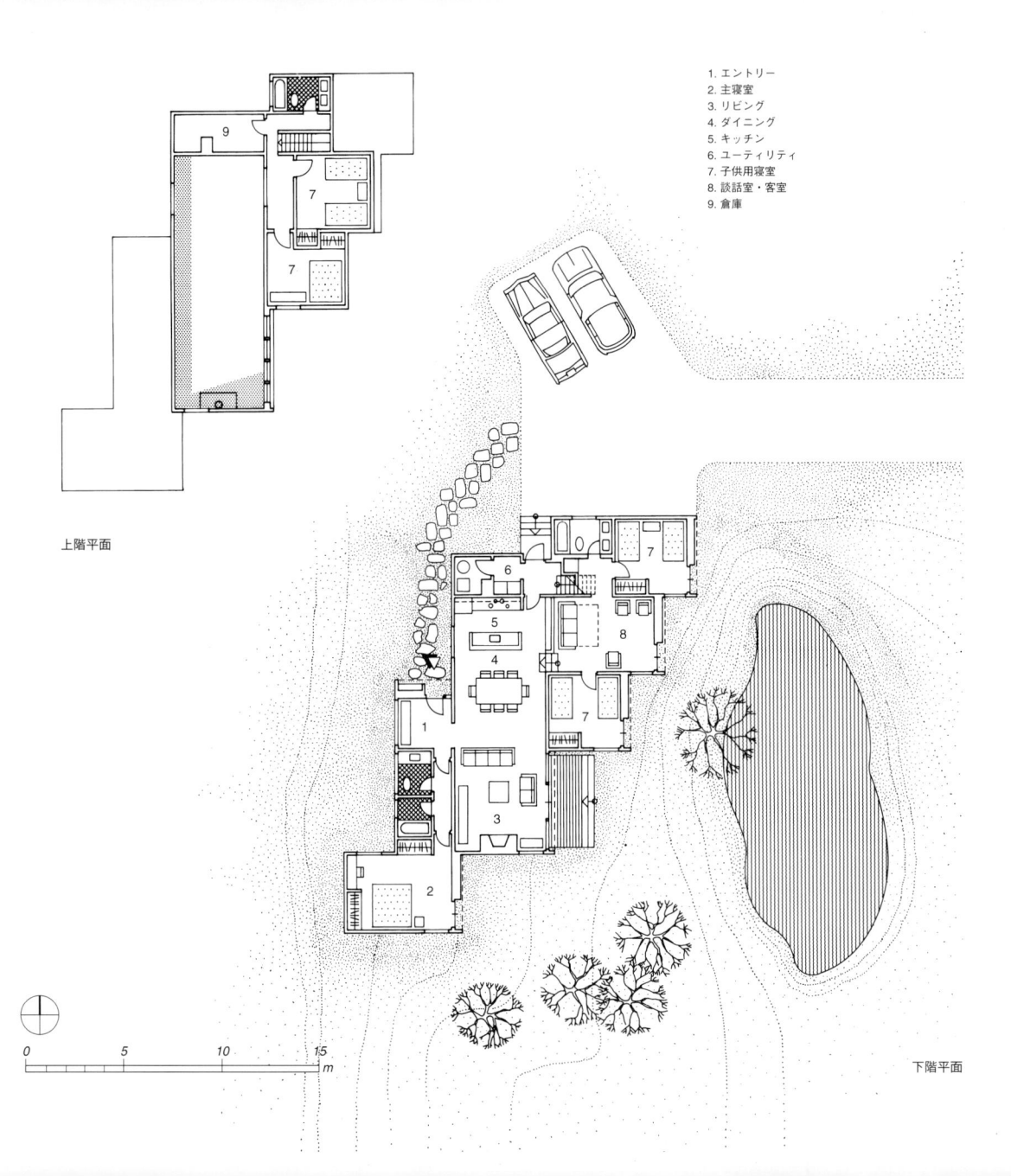

1. エントリー
2. 主寝室
3. リビング
4. ダイニング
5. キッチン
6. ユーティリティ
7. 子供用寝室
8. 談話室・客室
9. 倉庫

上階平面

下階平面

0 5 10 15 m

ボーンホルスト邸
(12台の自転車)

バーモント州キーチェ，1979 年
約 3,200 平方フィート
設計：ハーバート・ベッカード，担当：ダーク・ボーンホルスト

南側から見ると，屋根が重なり合って幻想のように見える。しかし，実際にはひとつのシンプルな上屋根によってできているのだ。
photo: Nick Wheeler

建築家が快く，他の建築家と組んでその人の自邸を共同設計することなどめったにないことだ。ベネズエラ人建築家のダーク・ボーンホルストは，家族のための冬の別荘をバーモントに建てようと思った段階で，形態と平面計画上ではどんな住宅が欲しいのか，はっきりとわかっていた。しかし，自分がそれまで仕事をしてきた熱帯地方とは気候が大幅に異なる，北米バーモント州での建築知識は不十分だということも，十分に自覚していた。

1977 年に敷地を訪問した折に，ボーンホルストはこの住宅についての基本概念をスケッチし始めた。初期の計画では，5 つの主だった個別の部屋を寄せ集めて住宅とするものであった。これは，各部屋から東と南を眺めることができるように配慮したものであった。また，このいくつかの独立した棟を組み合わせたものに，複合的に交錯した屋根面を載せることを考えていた。結果として生じた形は，彼がカラカス中央大学で担当する授業で主張していた設計原理を具体化するものであった。彼は"リズムの抽象的価値"そして"光と影の戯れ"を独自の設計原理の中心に据えていた。ところで，自らの別荘を米国に建てるにあたり，ボーンホルストは"米国の事情に精通した建築家で，このコンセプトを実施図面におこせる人"を必要としていた。いろいろと検討した結果，ベッカードにこのプロジェクトを任せることにした。2 人は1960 年，ベッカードが 2 年間カラカスに住んでいた頃に知り合い，それ以来ずっと交友を保ってきた。当時ベッカードはブロイヤーのカラカス現地事務所で大型都市複合ビルの仕事に取り組んでいたが，残念なことに，その計画は実施に至らなかった。

さて，この住宅設計の基本概念について 2 人の間で確認ができた段階で，ボーンホルストはベッカードに対し，クライアントとしての役割に徹することにした。このような関係は建築家同士の間ではなかなかありえないものである。ボーンホルストのスケッチした住宅の全体像と大胆に傾斜した屋根へのこだわりは，ベッカードの心に訴えるものがあった。しかし，厳しいバーモントの冬に耐え，またボーンホルストが経験したことの無い木製フレーム構造を使うためには，大幅な変更を加えなくてはならないということもベッカードにはわかっていた。浴室の設備類を外壁から離して再度位置決めするとか，ツララを住宅端部から

台形の窓は、屋根の形状に従っている。南側の窓はほぼファサードと同一平面上にあるが、東側ではガラス面は深く凹んだところにおかれている。垂直方向と斜め方向に貼り分けられたヒマラヤスギの板の間に相互作用が見られる。
photo: Nick Wheeler

ベッカードによる屋根面の概念図。ひとつの連続的なフォームが、いくつかの垂直面によって不規則に切り出されている。

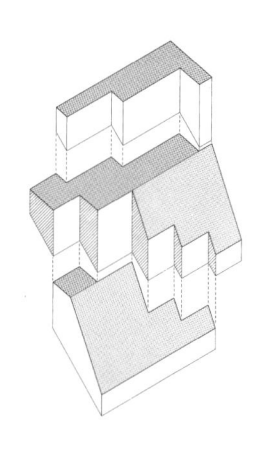

離すために屋根の張り出しをさらに大きくするとか、そういった比較的小さな変更はたいして問題にならなかったが、ベッカードは屋根の形自体を変更する必要があると考えていた。この地方ではしばしば、はげしい降雪と積み重なる氷のために、水切りが必要となる。そのため屋根に交差面があると問題が生じやすい。たとえば、雨漏りや部材の腐蝕が発生する可能性がある。

そういった問題を避けるためには、シンプルで連続的な傾斜の屋根型が必要だとベッカードは考えた。大きな屋根面が住宅の平面計画に従って、型で抜くように切り抜かれる。こうして、従来どおりの典型的な傾斜屋根が切り抜かれ、結果的に特徴ある形態を手に入れることができた。この住宅の平面計画は、異なる平面上に置かれたいくつかの部分から成るので、ボーンホルストが構想した複合的な屋根型というコンセプトを維持しながら、実施可能な解決案に達することができたのだ。ブロイヤーとベッカードの住宅では、素晴らしい眺めが得られる場合、感動を

最大のものとするために、その眺めをある特定の部屋のためにとっておくことがあることはすでに何度か述べた。最初の段階では、ボーンホルストは主な部屋のそれぞれに、全く同じサイズの大きな窓を2つずつ設け、南にある深い森か、東にある敷地内の人造湖を眺めるようにしたい、と考えていた。この湖は、敷地全体の設計における鍵を握るものであった。さて、ベッカードの実施設計では、主だった窓をすべて池の方向に向けている。一方で、小さめで、ちょっと変わった、楽しげなデザインの窓は、森への展望をうまくフレームに収めている。そのなかのいくつかの窓は台形となっていて、屋根のラインから決まったものである。また、主要な窓の高さはドアの高さと全く同じに設定されている。大部分は、水平の引違戸で、各部屋から直接屋外に出ることができるようになっている。住宅の西側は、険しく切り立っている丘の斜面に接近して建っているので、キッチンエリアの窓や大きい玄関の窓を通して、その斜面を室内側から眺めることができる。この住宅で使われた固定窓と可動窓の組み合わせは、キッチンで特に目にすることができる。ハンドル操作型の小型水平押し出し窓が固定窓の下に配されているのだ。

この住宅の東側立面は、小気味良いリズムとドラマをもっている。この住宅を構成する5つのエレメントは、主寝室、リビング・ダイニングエリア、ファミリールーム、そして2つの寝室である。それらは平面計画上、相互に並置されている。それに対して屋根は、5つのエレメント中、3つには同じ傾斜で

架けられているが、残りの2つのエレメントには逆の傾斜が与えられている。結果として、屋根の頂点が、3室と2室に分割された室内空間の均衡点となっているのだ。この屋根の架け方は効果的で、さもなければ立ち並んだ5つの部分は威圧的になるか、あるいは単に繰り返すだけの建物となったに違いない。リビング兼ダイニングエリアを含むエレメントは明窓をもっていて、ファサードの一番高い位置に開口部を設けることで軽さを得ている。5つのエレメントを個々に見る限り、特に明窓をもつものはベッカードによるコーエン邸に似ている。しかし、ここではそれぞれのエレメントは建物の一部として組み込まれており、コーエン邸でのかなり独立した個別のユニットとは異なった扱いを受けている。他に注目に値する違いをあげると、コーエン邸は各ユニットが異なる方向に位置決めされていた。また、ボーンホルスト邸の窓は、深く引き込まれて置かれている。これは、冷たい風や輝く太陽からこの住宅を保護するばかりではなく、彫刻的な意味合いをファサードにもたらしている。

主なファサードに見られる特徴で注目に値するのは、各ガラス引き戸のとなりにフィールド・ストーンのパネルが取り付けられていることである。もちろん、この住宅のほかの部分と同じように、灰色に染められたヒマラヤスギの板を使った方が経済的であろう。しかし、フィールド・ストーンの壁面が、ファサードに効果的なコントラストを与えることを、ベッカードは粘り強くクライアントに説得し続けた。構造上の強度のため

東側ファサードは、人造湖に面している。屋根のピッチは、この住宅の5つの部分のうち2つで反転し、強い対比とバランス感覚が生じる。この住宅の外装はほとんどヒマラヤスギだが、石のパネルが床から天井までの高さのガラス面に隣接して貼られている。
photo: Nick Wheeler

二層分吹き抜けのリビング兼ダイニングエリア。暖炉は外装パネルと同じ地元産のフィールド・ストーンである。
photo: Nick Wheeler

と、住宅の各セクションの動的な印象を強調するために、ヒマラヤスギのサイディングは、北面と南面では斜めに、そして東面と西面では垂直に貼られている。予算の都合上、この住宅ではベッカードはそれほど高価ではない、標準的なアスファルトシングル葺きを使ったが、本当であれば"古き良きバーモントのスレート葺き"を使いたいところであった。

この住宅は、交互に訪れる2組の家族によって使われることを意図していた。各家族の構成は、大人2人と子供が4人で、ひとり当たり1台の自転車をもつことから、その家は"12台の自転車"として知られるようになった。急な階段を上ったところにある開放的なロフトスペースは、2部屋の寝室とフルサイズの浴室を含んでいる。他のゲストが滞在しているときには、子供たちがここを使っている。

リビング、ダイニング、そしてキッチンエリアは、一続きの心地よい空間に含まれている。外装パネルと同じ石材で造られた暖炉は居間の一番奥にあり、テラコッタの煙道がそのまま見えている。ブロイヤーとベッカードはリビングゾーンと就寝ゾーンを分ける傾向にあるが、主寝室はこの住宅の一番南西のコーナーに位置している。住宅への一番中心となる入口には、スキーや冬の装備を収容し、また薪を貯蔵するために、特に大きい、玄関ともいえる空間が設けられている。

ベッカードの住宅によく見られるように、ここでもファミリールームが就寝ゾーンの中心軸に定められている。特にこの住宅では、そこからダイニングとキッチンに直接アクセスできるようになっていて、この部屋を本来のファミリースペースとして活用し、子供専用のものとはしなかった。

予算内に収めることと、この住宅がひとシーズン貸し出しされるかもしれないことを考えて、内装仕上げは、他のブロイヤーとベッカードの住宅と比べてはるかに一般的なものとなっている。床仕上げはブルーストーンや煉瓦の代わりにじゅうたん敷きで、壁と天井はペイント仕上げされたプラスターボードである。しかしながら、内観は退屈というほどではない。というのは、建物全体を通じて天井高にリズムがあって、各部屋と各エリアをそれぞれ特徴あるものとしているためである。

ベッカードが演じた中心的な役割、ボーンホルストの協力、そしてボーンホルストの家族とこの住宅を共同で使うオスカー・シュネルの助言を合わせて、"12台の自転車"はそれぞれの想いを反映し、具体化したものであった。しかし、ボーンホルストが指摘するように、「このアイデアの海から、動的で興味深い解決案が生み出されたのだ。その解決案は驚くほど簡単なものであった。」

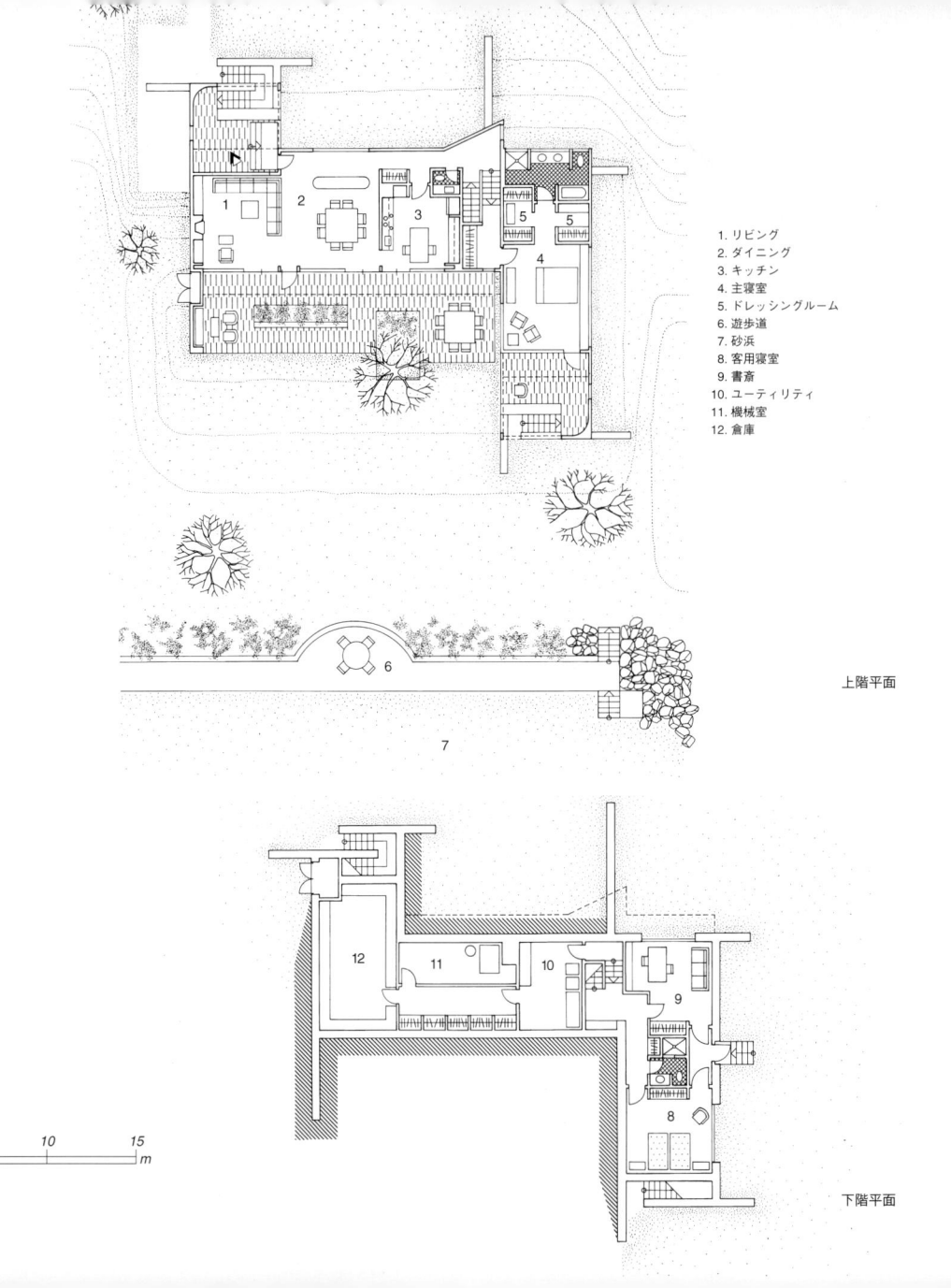

1. リビング
2. ダイニング
3. キッチン
4. 主寝室
5. ドレッシングルーム
6. 遊歩道
7. 砂浜
8. 客用寝室
9. 書斎
10. ユーティリティ
11. 機械室
12. 倉庫

上階平面

下階平面

シュワルツ邸（緑の農場）

コネチカット州ウェストポート，1984年
約3,400平方フィート
設計：ハーバート・ベッカード，担当：ロバート・キュピック

南側立面はロングアイランド湾に面している。後部ファサード，あるいはこの住宅の顔となる眺めである。ガラスのコーナーが主寝室に設けられている。

photo: ©Andrew Appell 1984

モダン建築には一般的に馴染ないことかもしれないが，この住宅の平面計画にはスキップフロアが取り入れられている。ベッカードがこの住宅をそのように設定するにはわけがあった。住宅の主要な部分を空中に浮かすことによって，狭い敷地内で近隣住宅からのプライバシーを確保し，また，ロングアイランド湾への眺めを最大限にすることができるのだ。この住宅からは，海辺に直接出ることすらできる。レベルの変化をうまく使って，ゲスト用のエリアと主寝室スイートの間でそれぞれのプライバシーが確保された。加えて，この3エーカーもある敷地のなだらかな傾斜を利用し，その敷地を征服しようとするのではなく，住宅を地形に沿うように配置することは，賢明な選択といってよいだろう。

この住宅は，すぐ近くにある士官学校と，面している通りの名前からそう名づけられたもので，古い既存の基礎の上に建てられている。以前この場所に建っていた大きな領主邸のような邸宅は火災のために倒壊し，そして敷地に残ったものは，焼け落ちた材木と，地面に埋め込まれた基礎だけであった。その既存の基礎部分が，この住宅の基本的な配置を決定したが，ベッカードは，そのことで何かを強制されたとは感じなかった。古い使用人棟は3台分のガレージを併設していて，敷地の手前にやや距離をおいてそのまま残っている。この住宅の敷地全体計画をたてる際，ベッカードはその使用人棟を隠すために木立の厚い林を置いた。この建物は様式や建築に対する考え方という観点からすると新しい住宅本体とは全く異なっており，それほど魅力的とはいえない存在であった。駐車場は住宅からかなり離れている。これは車を住宅に直接乗りつけるのではなく，居住者も訪問者も，住宅までしばらく歩かせるという，ベッカードとブロイヤーの傾向を示す良い例である。

この敷地は起伏の多い地形で，第2スティルマン邸の敷地と似ているが，住宅の前部は粗い石の基壇の上に載り，一方，後部は地表面と同じレベルにある。

メインの入口には，これもスティルマン邸と似ているが，石材で囲んだ階段を抜けて到達する。ここで，はっきりと素材感を出した石材と出会うことになるのだ。住宅の残りの部分は，粗い素材感を出したオフホワイトのスタッコで仕上げられている。その外装の一部が室内にまで持ちこまれている。

少し高くなった主寝室ポーチからの眺め。
photo: ©Andrew Appell 1984

　この住宅の顕著な特徴は，2つのポーチである。ひとつは入口プラザで，もうひとつは戸外でちょっと腰を下ろす場所，あるいは主寝室の拡張部分として機能するものである。いずれのポーチも，形，スケール，そしてインパクトの面で十分大きなもので，まるで窓のような開口部が目につく。ポーチによって，戸外に新たな空間を手にすることができた。この考え方は，哲学的であり，文学的でもある。ベッカードは，今は亡き建築家ルイス・カーンを長年にわたって尊敬し，また友人として交流していたが，最近の設計の個人的な指標として"光を借りて，空間を借りる"というカーンの概念を引用している。この住宅の場合にその概念を意識してデザインを決定していたかどうかは別として，それらのポーチはその概念をうまく具現化している。空間と光が自由に戯れるエリアは開放されている

南側の屋外リビングエリアから主寝室ポーチへの眺め。材料同士の関係、つまり粗いフィールドストーンと粗い素材感をもつスタッコの扱い方は注目に値する。
photo: ©Andrew Appell 1984

入口側から見る。この住宅がスキップフロアの構成になっていることは一見して明らかである。平坦なファサードには、大きなガラス窓がひとつ穿たれている。この角度から見ると、曲げられたコーナー部分は、それほど目立たない。
photo: ©Andrew Appell 1984

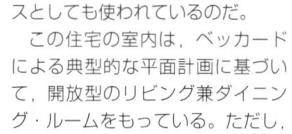

が、一方、実際のリビングスペースとしても使われているのだ。

この住宅の室内は、ベッカードによる典型的な平面計画に基づいて、開放型のリビング兼ダイニング・ルームをもっている。ただし、この場合はキッチンが、部分的な壁によってこのメインの部屋から離されている。そして、その壁の後ろにコンロとオーブンが配されている。短い階段を上がると、スキップフロアの上半分に達する。そこには大きな主寝室スイートが置かれ、ポーチ、かなりゆったりしたドレッシングルーム、さらに浴室エリアを伴っている。その寝室が面しているロングアイランド湾へのドラマティックな眺望は、ガラスのコーナーを取り入れることでさらに高められている。この処置はベッカードとブロイヤーの住宅にはきわめて珍しいものである。メインレベルから、階段を下がって、スキップフロアの下階に下りていく。ここにはゲスト用の寝室が置かれ、テラスと砂浜へ直接出ることができる。また、書斎と設備関係の部屋もこのレベルに含まれている。このような海に面した敷地を与えられれば、できる限りの眺望が得られるように工夫して、そして戸外の空間を平面計画の一部に取り込むのは、当然の成り行きといってよい。この住宅のクライアントはずっとニューヨーク市内の高級アパート暮らしで、それまで一戸建て住宅に住んだことがないのだが、そのような工夫は大歓迎であった。

外部の通用門からこの住宅を眺めたときに、そしてエントリーポーチから住宅の長手方向に沿って見下ろした時に目にとまるものは、外壁を少し折り曲げて突き出したコーナー部分である。住宅前面を完全に平板に保つこともできたであろうが、階段部分に広がりを与え、広めの踊り場を確保するために、そして、少々意外なデザイン上のアクセントをつけるために、ベッカードは敢えてこのでっぱりを作った。これとは平面配置上の場所は異なり、もたらす効果も全

主寝室ではこのガラスコーナーがあるため、外部と内部スペースの分離が最小限になる。

photo: ©Andrew Appell 1984

く違うが、このわずかな角度は、最初のガガーリン邸のためにブロイヤーが作り出した斜めの入口を想い起こさせる。

ベッカードが初期に関心をもっていたのは、閉ざされた前面ファサードと、開放的なガラス面による後部ファサードの対比であったが、その扱い方は、後年の住宅でははっきりしなくなったようだ。ここでは、前面はほとんどソリッドだが、かなり大きなガラスの開口部も設けられている。そして、おなじみの帯状の水平窓が2階部分の上端部に現れ、また低層部の石積みの部分に切り込まれている。キッチン、リビング、ダイニングを含むメインリビングエリアそして主寝室は、可能な限り開放できるようになっていて、全高のガラス面、そして南向きのテラスへ直接出ることができる。また、寝室のポーチ脇にある屋外階段は、直接地面に達している。

組み込まれた家具調度品はすべてベッカードによるもので、ブロイヤーとベッカードの住宅には欠かせないものである。たとえば、ダイニングエリアに置かれた花崗岩の天板をもったビュッフェテーブル、キッチンに置かれたタイル貼りのテーブル、そして主寝室のヘッドボードの一部となっている収納ユニットがその代表的なものである。このクライアントには子供がいないので、台所のタイル貼りのテーブルで食事をとることが多いが、このテーブルは作業台として、またワイン貯蔵庫としても機能している。ブルーストーンの床貼りは、ここではブルーストーンのタイルとなったが、屋外のテラス、ポーチ、さらに屋内のリビング、ダイニング、キッチンエリアに使われている。「ブルーストーン中毒にかかっているのだ」とベッカード自身もこの素材へのこだわりを認めている。

リビング・ダイニングスペースの焦点となるのは、暖炉とさまざまなサイズの凹みをもったスタッコの壁である。このスタッコの壁は、屋外にそのまま伸びていって、腰掛けるための凹みをつくっている。この拡張部分は、メインのテラスを囲い、近隣からパティオやテラスが見えないようにしている。この壁の極端な厚さを見ると、ベッカードは明らかに重厚さと存在感を重視して、"薄い"エッジを避けようとしていたことがわかる。

両ポーチは、まるでステージのようである。台座あるいは柱脚の上に載せられ、柱に支えられて、角を落とされたコーナーで形作られている。そういった要素は、古代建築のイメージを呼び起こす。前面ファサード側から見ると、この真っ白なスタッコの住宅はフィールド・ストーンの基壇の上に載り、この敷地に対して特別な存在感をもたらしている。そして、住宅の広がりと形態が直感的に理解できるのだ。後部では、敷地が水辺に向かって傾斜している。浜辺側から見ると、住宅全体は低い水平性をもっていて、ポーチが強く印象に残るものとなった。

屋内外の一体感は、床から天井に至るガラスによって強められている。コンパクトかつ効率的な台所が、その一体感を強めている。グレイの斑点のあるセラミックタイルが、灰色のエナメルキャビネットとブルーストーンの床に組み合わされている。中心に見えるのは、朝食テーブル兼ワイン貯蔵庫である。

photo: ©Andrew Appell 1984

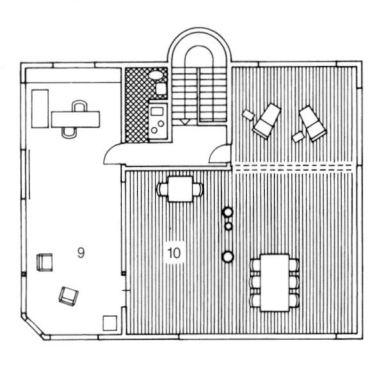

1. エントリー
2. リビング
3. ダイニング
4. キッチン
5. ユーティリティ
6. ボート庫
7. 客用寝室
8. 主寝室
9. スタジオ・書斎
10. デッキ

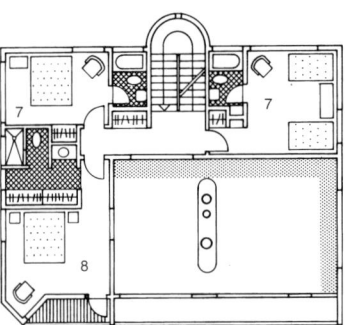

屋階平面

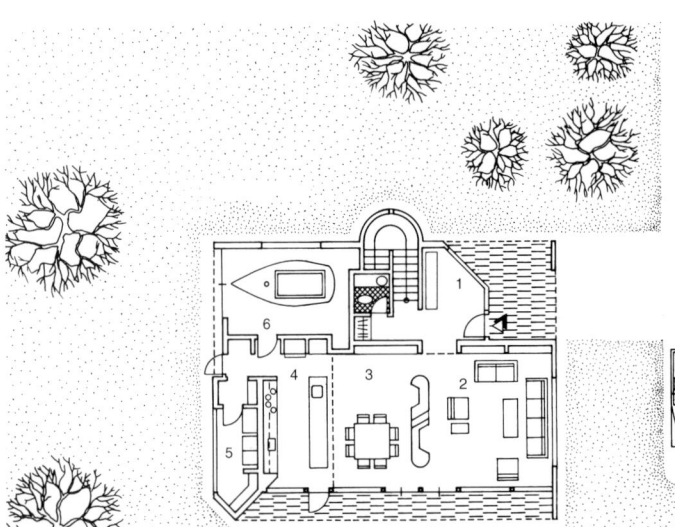

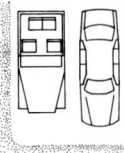

中階平面

主階平面

ヴァシロウ邸
（ミサゴの巣）

ニューヨーク州フィシャーアイランド，1984年
面積　約3,900平方フィート
設計：ハーバート・ベッカード，担当：ハスラム・ザイノッディン，マイケル・ウー（実施段階）

主立面は，東側ファサードである。3階建ての箱には，ガラス付きの，あるいはガラスなしの開口部が開けられている。上のレベルでは，かなり大きな開口部を通して空を眺めることができる。中間のレベルでは，小さなポーチが主寝室脇に挿入されている。
photo: ©Andrew Appell 1984

入口側では，開口部とソリッドな部分の遊びが効果的である。空が見える開口部と一段引きこまれた入口で切り取られているのだ。階段の踊り場が表現された曲線は，この住宅の四面のうち，唯一，平面から突出したものである。
photo: ©Andrew Appell 1984

彫刻的要素を住宅に反映するというコンセプトは，ブロイヤーとベッカードが頻繁に用いたものである。ニューヨーク州フィシャーアイランドにある，いわゆる"ミサゴの巣"は，おそらく最も彫刻的な住宅作品である。その形態はまさに抽象彫刻で，あたかもその彫刻のなかに実用的な空間をはめ込んだようだ。

この小さな島に生息する，絶滅の危機にさらされた鳥にちなんで"ミサゴの巣"と名付けられたこの住宅は，わずかに変形した立方体に，入口，テラス，部屋，そして窓を切り込んだものである。立方体に付け足されたものは，面取りコーナーと微かな半シリンダーで，

これは拡大された柱と見えなくもない。その内部には階段が収まっているのだ。この住宅は側面に開口部をもち，3階に当たる最上階は空間の大部分が空に向かって開け放たれ，ただ壁が囲んで空間を構成している。ベッカードは，この住宅を設計しているとき，「正直に言うと，箱に抽象的な開口部を開けることばかり考えていた」と語っている。外側から見ると，窓と開口部の配置は恣意的で，予想しにくく，全く抽象的なものように見えるが，内側にはそれぞれがちゃんとした意味をもっているのだ。

この住宅の設計を依頼した若い夫妻は，ベッカードが1975年に設計した第2ガガーリン邸"ビッグ・サー"に関する記事を見て，設計を依頼した。クライアントは当時のことを振り返って，次のように言っている。「私と妻が求めていた住宅とは，きわめてシンプルで，純粋なもの，そして気取りが全くないものでした。このことはベッカード氏には全く問題となら

リビングエリアとダイニングエリアは、びしゃん仕上げされたコンクリート製暖炉ユニットによって、少なくとも視覚的には分割されている。細く対角線上に開けられた、裏まで抜ける切りこみ窓は、暖炉ユニットの堅さを軽減している。2本のむき出しの煙道は、リビングルーム用暖炉とダイニングルーム用暖炉兼グリルに接続され、一方、第3の煙道はエネルギー法の規定にしたがって新鮮な空気を双方に供給するものである。背景では、低い位置の窓と高い位置の窓が2つの異なる風景を切り取って見せている。

photo: ©Andrew Appell 1984

3階は、書斎からダンススタジオまで、さまざまな目的に使われる。
photo: ©Andrew Appell 1984

台所は、主寝室の下に押し込まれている。一方、ダイニングルームは二層吹き抜けのメインルームの一部になっている。
photo: ©Andrew Appell 1984

ないだろう、とわかっていました。彼の建築を見つめる目が、とても純粋なものだったからです。」

ベッカードの最初の設計は、設計側もクライアント側も大いに気に入っていた平屋の設計案で、"ビッグ・サー"と同様に、一部斜面となったランドスケープのなかに仕込まれていた。しばらくして、ベッカードとヴァシロウ夫妻は、背の高い住宅のほうが大西洋と島を眺めるのに有利なのではないかと考えるようになった。こうしてベッカードは新しい設計案を練った。

この住宅は、高さそのものがフィッシャーズ・アイランドではかなり大胆なものといえる。このあたりはロングアイランド湾のなかでも保守的な場所として知られ、伝統的な2階建てシングル葺きの住宅がほとんどを占めていた。また、この地域は設計審査委員会が厳しいことでも知られていた。幸

いにも、"ミサゴの巣"は要求事項のすべてをクリアしていた。ただし、ただ一点、3階部分を寝室として使わないことを審査委員会に証明しなければならなかった。はるかに厳しい斜面に建つケルファー邸の場合を除いて、ブロイヤーとベッカードによる住宅で、これほど背が高くて多層構造なものは他になかったのだ。

この住宅に与えられた多くの窓、切りこみ、そしてテラスは、ファサードに動きを与える。たとえば、西側ファサードには、奥まった入口、突き出た円筒形の階段室、3階部分の切り欠き、そして恣意的に交互に置かれた1枚ガラスと2枚ガラスの窓がある。階段室には細いスリット状の窓が開けられているが、中世の城郭の尖塔に見えなくもない。主立面つまり東側立面は、1階部分はガラス窓、その直上はパネルになっていて、日除けと

して機能している。また、ここにはケーブル製の手すりのついたバルコニーが設けられている。そして、3階部分では大きな切り欠きが空に向かって開け放たれている。外から見ると、ファサードには開口部がさまざまに穿たれているので、それらが一体どの部屋にあたるのか簡単には想像がつかない。ある窓は階と階の中間にあり、またあるものは床面すれすれにあるのだ。

ブロイヤーとベッカードによる住宅には典型的なことだが、この住宅も入口が完全に奥まったところにある。その部分は、建物の幾何学的構成からするとやや異質なものとなっている。わずかに角度をつけて配されているのだ。

外装のヒマラヤスギのサイディングは、自然に風化した外観を意図して、透明感のある灰色で染められている。ベッカードは、納得のいくものが見つかるまで、さんざんいろいろな彩度のグレーを試し続けていた、とクライアントは言う。クライアントとベッカードが最後まで妥協しないで守りとおすと決めていたのは、木目が見えたままにすること、そして、あま

北面と南面では、ヒマラヤスギの部材は、斜めに配されている。
photo: ©Andrew Appell 1984

りにも人工的な色であるとか、不透明なものは避けるということであった。ベッカードは、いくつかの住宅において、東西面には垂直方向に、南北面には斜め方向に木目を配した。素材感と見た目の両方に変化をつけ、また、構造的な強度を強調するためであった。

やや引き込まれて守られるように置かれた入口から住宅内に入ると、いきなり目の前に、壁一面のガラス窓を通して大西洋が広がる。このコントラストは劇的なもので

ある。このリビングとダイニングが合わさったエリアに立って見回すと、住宅全体の平面計画が手に取るようにわかる。この二層分吹き抜けた空間の上層部の2つの面に位置するのは寝室群である。主寝室から、そして階段を昇り切ったところにある廊下からも、この縦方向に抜けた空間を見下ろすことができる。その廊下は残りの2つの寝室に通じている。このレベルでは、蝶番の付いたパネルで主寝室への開口部を閉じ、プライバシーを確保することができるようになっている。また、ダイニングルームをキッチンから区分するために、アイランド型カウンターユニットが置かれている。ただし、キッチン部分は二層吹き抜け部分からやや外れた部分にあるので、そもそも空間的には分かれたものとなっている。

リビングエリアとダイニングエリアを分ける暖炉は、かなり大きなものである。この暖炉は過剰といってもいいほど彫刻的で、ベッカードによる暖炉にはつきものの、びしゃん仕上げによるコンクリート製である。高さは約1.8メートル、両端が丸められている。リビングルーム側の暖炉の開口部は一般的な高さにあるが、ダイニングエリア側の開口部は、調理に使うことを考えて、やや高めに設定されている。暖炉ユニットそのものは、深い溝で分割された大規模な部材を組み立てたように見える。これは、打ちこみコンクリートの特徴を明確に表現したものである。小さな開口部が斜めに切られていて、暖炉の重量感を軽減する効果がある。3つの煙道は筒状のテラコッタを帯状に積み重ねたもので、

住宅のなかを突き抜けて立ち上がり、3階の屋上デッキ部にまで達する。そのうち2つの煙道は、絶縁層によって内側の煙道ライナーから分離され、それぞれリビング側とダイニングルーム側の暖炉からの排煙を受け持っている。一方、第3の煙道は、新鮮な空気を両者に採り入れるためのもので、新しいエネルギー法の規定によって必要となったものである。東側ファサードを少し離れたところから眺めると、赤みがかった茶色の煙道が見えていて、すべて灰色のヒマラヤスギの住宅に絶妙なアクセントをつけている。さらにこのファサードにはもう一色、別の色が与えられているものがある。1階テラスへのドア、そしてその直上にある主寝室脇のバルコニーのドアは、鮮やかなブロイヤーブルーで縁どられているのだ。

3階のロフト的な空間は、小型簡易キッチンと化粧室を備えていて、ヴァシロウ夫人のダンススタジオ、オフィス、テレビ部屋、そして展望台として機能している。ただし、実質上、3階のほとんどの部分はオープンデッキになっている。ここでは、見渡す限りの眺望を楽しみながら、戸外で食事をしたり、来客をもてなしたり、日光浴を楽しんだり、ということができる。開口部をもつ壁がこの空間を囲んでいて、テラスというより部屋のように感じる空間となっている。この住宅は木造であるが、そこに開けられた開口部は、ブロイヤーとベッカードがフーパー邸のコートヤードの石の壁に設けた開口部と、状況設定と雰囲気が類似している。オープンデッキ上部に2本の梁が交差して横切っており、構造的支

3階のデッキは、重要なリビングスペースである。煙突の煙道と支持梁が空間の枠組みをはっきりと与えている。ここでは三方向の眺望が得られる。
photo: ©Andrew Appell 1984

持材として機能している。またこの場合は、それらの梁から、3本の煙道を固定するための引張りワイヤーが伸びている。この梁は機能としては純粋に構造的なものであるが、それでも、マクマーレン邸の浮遊する部材がもたらした効果と同じように、屋外に新たな空間を示唆する効果をあげている。

ベッカードの創り出した設計案は、単に箱を作り、それになんとか機能をはめ込もうと、部屋の配置を気まぐれに決めた結果ではなかったということは、大切なポイントである。最初にプログラムの分析があって、それからいかに部屋割りをアレンジするかについてのアイデアが生まれる。試行錯誤するうちに、ベッカードは、ひとつの力強い形態がさまざまなニーズと敷地条件をうまくいかせるのではないか、ということに目をつ

けた。ヴァシロウ邸は、この島の伝統的な住宅では不可能なことを達成している。それはあらゆる方向に見晴らしがきく、ということであった。また、戸外のリビングスペースが、住宅の枠組みの内側に設けられている。この住宅のファサードは、さまざまな要素が内部と関係なく配置されているように見えるが、各立面は統一感のある構成美を見せている。

マルセル・ブロイヤーとの仕事を回想して

ハーバート・ベッカード

はじめに、ブロイヤーは、私にとっては父親のような存在であったことを言っておく。

ちょうど42年前、私がブロイヤーのもとで働き始めたとき、彼はすでに50歳、私はまだ25歳であった。私たちには楽しい時もあればつらい時もあった。これはどんな親子にも当てはまることだ。私たち2人の意見は、いつも一致していたわけではない。他の若手パートナーと比べても、私がおそらく最も異論を唱えていたに違いない。今から見れば、どういうわけか、そういった意見の不一致が私たちをさらに近づけてくれたように思えてくる。そういえば、時折うまくいかない時があったほうが、かえって人の絆は強くなるものだ、と言われたことがある。私はライコ（これはブロイヤーの愛称であった）に対してまさに最大の敬愛の念をもって接していた。彼が私に教えてくれたことの数々、経験を分かち合う機会を与えてくれたことに心から感謝し、そして彼の建築設計に対する態度を目の当たりにして、私は単に敬愛するばかりでなく、手放しに賞賛することも辞さなかった。また、私は、今でもブロイヤーの妻コニーと親しくしている。彼女は本当にすばらしい人で、控えめで、思いやりがあり、大切な友人として接している。

もちろん、はじめからブロイヤーと私はそういった親しい仲であったわけではない。当初、ブロイヤーはすでに著名な大建築家であり、私は彼の雇った単なる製図工のひとりにすぎなかった。しかし彼はその状況がどうであれ、公平な態度で接してくれたのだ。考えてみると、そのおかげで、私は自分が思っていた以上のレベルで彼に貢献することができた。私は、その役割を十二分に喜んでいた。巨匠の一挙手一投足を「吸収し尽くして」いたのだから。さて、私がある程度重要な役割を任された最初のプロジェクトは、ニュージャージー州プリンストンにあるレビー邸であった。クライアントのマリオン・レビーはプリンストン大学の教授で、私がブロイヤー事務所に勤めてまだ数ヶ月しか経っていない頃であった。ブロイヤーは、設計図書の準備をさせると同時に、現場監理のために出かけて行くことを含め、そのプロジェクトのかなり多くのことを私に任せてくれた。それからまもなく、私はガガーリン邸のプロジェクトで建築という行為にさらに深く関わることになり、クライアントとの交渉にも携わったが、同時に設計図書の準備、現場監理もこなしていた。

ガガーリン邸は大規模かつ複合的な住宅プロジェクトで、それをとおして私はまたとない貴重な経験を得ることができた。当時の私の経験の浅さを考えると、ボビー・ビゲローとの駆け引きは、滅多にない機会であったといえるだろう。ビゲローは硬派で博識な大工兼職長であったが、私にとっては、記憶に残る素晴らしい"教授"のひとりであった。実務についてわずかしか経たない時期で、しかも私の"無邪気な無知ぶり"を考えると、ブロイヤーが私に与えた責任の重さは、特筆に価するものであった。今思い返しても、なぜブロイヤーがそう判断したのか、はっきりとしない。私を直観的に信用

し，溺れようが泳げようが，なんとかこなしていけると思ったのだろうか。

　誰がボスで，誰が誰のもとで働いているか，それは疑問の余地も無いことだった。しかし，私たちの仕事上の関係は，私が思っていた以上の速さで，ほぼ対等になっていった。もちろん，ブロイヤーが常に一番上ではあった。いってみれば，90対10から55対45の関係になったのだ。私が働き始めて5年も経つ頃には，同世代のハミルトン・スミス，ロバート・ガッチェ，そしてやや年長の実力派，事務長のマレー・エルムスリーとともにパートナーの地位についた。この時点で，事務所は総勢35名にまで拡大していた。多くのクライアント，特に住宅のクライアントは，ブロイヤーと個人的に仕事をしたい，という思いを胸にブロイヤー事務所にやってきた。しかし，ブロイヤーは，できる限りその状況を希薄にしようと望んでいたようだ。もちろん必要に迫られてのことでもあった。ひとりの人間に一体どれだけのことができるというのだ？　実際にどのように対処するかは，クライアントの状況次第であった。ブロイヤーという名前が発するオーラと特別な力はともかくとして，私が代役を務める機会が増えていった。ミシガン州マスキーゴンの聖フランシス・デ・サール教会，ワシントンＤＣの住宅都市開発局本部ビルや保健教育福祉局本部ビルのような大型プロジェクトの場合，私が代わってクライアントに接する機会は，住宅の場合よりもはるかに多かった。

　私たちはチームワークが上手かったのだ。素早く，そして滞りなく，意匠設計上そして技術上の問題で合意に達することができた。古くさく感じるまで設計をやりすぎず，勢いを維持することが大切なのだ。ブロイヤーは設計に自然体で接し，新鮮な目で見ていることがどれほど重要かということをたえず意識しており，その考えに則して働くことが私の方向だと考えていた。問題というものは，何もしなくても勝手に複雑になってしまう。プロジェクト全体を通じて，デザイン上あるいは技術上の疑問点をいちいち真面目に解決しようとしたばかりに，がんじがらめになってしまうというのはよくある話だ。勢いを失うということは，悲惨なものである。相対的に見て，ある程度まで達した段階では，その先，何度も何度も手を加えて問題を再考したところで，そのことで新たに得られることなどほとんどないようだ。設計にはどこでやめるかという決まりはなく，いつまででも続けることもできるだろう。しかし，プロジェクトの改善の度合いは下がりはじめ，やがては何も変わらなくなってしまうことさえある。

　そうこうしているうちにブロイヤーは齢をとり，また，事務所が忙しくなり，業務が拡大するにつれて，私や他のパートナーたちが自分の裁量で判断せざるを得ないことが増えてきた。そのパートナーたちももはや若いとは言えなくなってきており，チチアン・パパクリストウとマリオ・ジョッサが加わる一方，マレー・エルムスリーは，すでに事務所を去っていた。この設計業務上の変化はすぐに人目に明らかとなって，どのパートナーがどのプロジェクトに関わっているか，クレジットを見るまでもなく，わかるようになっていった。このことは，ブロイヤーはまだ十分健康であったが，すでに自分ひとりによる事務所運営の制御を緩めはじめていることを意味するものだった。

　長年にわたる創造的な時間を経て，とうとうひとつの時代が終わりを迎える時が来てしまった。ある日，ライコは，私をランチに誘った。

私は，その日がこんなに悲しい日になるとは思ってもいなかった。健康状態が芳しくなく，そろそろ実務から引退せざるをえない，という内容の手紙を，彼は私に静かに手渡したのだった。そして，この知らせを他のパートナーにも伝えてほしい，と言った。ブロイヤーは偉大であった。同格の人には厳しく，そして，下の人にはあわれみ深かった。事務所では，いつも若い所員，つまり経験は少ないが熱意にあふれる人びとと働くことが望まれていた。彼らは，国際的なバックグラウンドの広さを反映して，世界中いたるところから来ていた。ライコは，これがある独特の雰囲気を生み出す，と考えていた。彼は正しかった。そして，私の現在の事務所でも多様さを目指して努力しているのだ。ブロイヤーの引退から5年がたち，1981年にブロイヤーが亡くなったのを機会に，私はパートナーシップを離れたが，怨恨やそれを止めようとする意見は聞かれなかった。パートナーとして，私たちはブロイヤーと独占的に一対一で働いたが，パートナー同士で働いたことは無かったのだ。つまり，私にとって，ブロイヤーがいなくなってしまった以上，パートナーシップを存続する理由がまったく消えて無くなってしまったのだ。

こうして今の私があるのはさまざまな人びとのおかげである。非常に若くして亡くなった私の母は，私の10代までの間，アートにふれさせ，たえず励ましてくれた。私の父はある意味でアマチュア建築家であった。私の学生時代から，頻繁に設計や建設の小さな仕事をくれて，いつもサポートしてくれた。1951年，ブロイヤーのもとで，ボランティアで，つまり無給で働くことができたのは，私の妻エレノアの理解があればこそであった。彼女は当時モデルとして成功し，かなりの収入を得ていた。彼女の絶え間ない励まし，そして素晴らしい子供たち，スーザン，カレン，トム，ジェーンの励ましが，困難だが，つつましく，素晴らしい，この建築という仕事を続けるための耐久力の鍵であった。そして，もちろん，現在の仕事上のパートナーであるフランク・リッチランは重要な協力者であり，彼には特別な敬意を払いたいと思う。

1992年5月
ハーバート・ベッカード
アメリカ建築家協会名誉会員

郷愁のあとがき

スタンリー・アバークロンビー
アメリカ建築家協会名誉会員，インテリア・デザイン誌編集長

デビッド・マセロのこの非常によく書かれた書物の原稿を読み終わった時，まるでプルーストがマドレーヌを味わった時のように，忘れかかっていた想い出が押し寄せるようによみがえってきた。ただし，ここではプルーストの文章よりは少しは簡潔にするつもりだ。

1962年，私はマルセル・ブロイヤー＆アソシエーツで働くために，ニューヨークに移り，そしてその後の3年半を同事務所で過ごした。その幸せなひとときに，この書物に収録されている住宅の設計が，実際に進んでいくのを目の当たりにした。また，私自身そのいくつかを手伝い，またすでに完成した住宅の図面を研究したこともあった。

当時，ブロイヤーの事務所は，マンハッタンの三番街と57丁目の北東の角，シュラフト・レストランの上にあった。その店の独特の味がその頃の記憶と結びついているのだが，ということは私の記憶はマドレーヌではなく，卵サラダサンドイッチの味なのかもしれない。私は，2部屋あった製図室の大きな方の部屋の片隅に机を与えられた。その部屋には最大20数人程度の人が入ったと思う。事務所は，やがてさらに大きな一角に移転する。

私の机の正面には，リチャード・マイヤーがいて，ジョージアから出てきたこの新米に親切に接してくれ，いろいろと助けてくれたが，ほどなく独立して彼の両親のための住宅を設計するということで，ブロイヤー事務所を去っていった。私の机の右側にはハーブ・ベッカードがいた。彼は当時，事務所のアソシエートで，私の直属の上司であった。彼もまた親切に助けてくれたが，正直言って，部下にも自分自身にも厳しく無かったといえばうそになる。私は，働き始めの最初の数ヶ月間は，ベッカード，マイヤーとともに大型のユダヤ教会堂の設計に関わっていた。その建物はニュージャージー州郊外に計画され，コンクリートの平面を折り重ねたような，大胆な設計であった。

このユダヤ教会堂計画は実現されなかった。なぜうまくいかなかったのか，もう忘れてしまったが，あるいは私にはまったく知らされていなかったのかもしれない。ともかく，私はその後ベッカードの下で，規模はかなり小さいが，はるかに面白いプロジェクトに割り当てられた。それはマサチューセッツ州ウェルフリートにある，ブロイヤー自身の上品な夏の別荘の増築計画であった。そのプロジェクトは，仕事のスケールが適度で，荘厳なテンプルよりもずっと魅力的に思えた。振り返って見て，それぐらいのスケールがブロイヤーとベッカードに一番合っていたのではないか，と思う。

ベッカードに加えて，当時のブロイヤーのアソシエートは，ハミルトン・スミス，ロバート・ガッチェ，そしてマレー・エルムスリーであった。エルムスリーは事務長の役割を担っていた。

一方，ベッカード，スミスそしてガッチェはプロジェクト・デザイナー兼マネージャーの役割であった。その頃の製図室は，並はずれて国際的な寄せ鍋状態にあった。所員の出身地は，ロシア，中国，日本，デンマーク，フランス領

モロッコ，イタリア，ドイツ，イギリス，そしてアイルランド。こうしたなかで，国際連合代表にはアメリカ人もひとりぐらい必要だろう，というのが私の入所が許可された理由に違いない，そう言って事務所ではよくからかわれたものだ。

ブロイヤー自身はいつも事務所にいて，毎日製図板をのぞきに来た。ブロイヤーがハーバードで10年間にわたって教えていた時代というのは，その頃ですらすでに15年も前のことであったが，彼はまるで教師のようにわれわれに接していた。彼が製図板をのぞきに来た時には，独裁的な決定を命ずることはなく，われわれとの対話のなかで，異なる可能性や結果に対して比較検討を重ねていたのだ。ブロイヤーがわれわれに何かを一方的に説明する，ということは一度もなかった。

私がブロイヤー事務所に在籍した最後の年には，私自身が希望して，新しいホイットニー美術館のプロジェクトに参加するため，製図室のベッカードの一角から反対の一角に移った。

これは，ハミルトン・スミスが指揮するプロジェクトであった。その後も私はベッカードと親交を保ち，仕事の終わったあとや週末にともに作業を重ね，またグレン・コーブに当時建てようとしていた自邸の実施設計図面の制作を手伝った。建築の図面は，内容が正しく伝わることは当然としても，各図面や詳細図，注意書きや特記事項が美しい構成を保ち，見た目にわかりやすくなくてはならない。このことがベッカードにとってどれほど大切な問題であったか，強く印象に残っている。ブロイヤー事務所を辞めた後でも，私は時おりハーブの住宅の設計を助けていた。ブロイヤー事務所の仕事もあれば，そうでないものもあった。この本に含まれているものもあれば，含まれていないものもあった。

1960年代の若い建築家にとって，ブロイヤー事務所の製図室で過ごした数年間は，当時最高の建築教育であったと今でも思っている。特に，割り当てられたプロジェクトがベッカードが指揮する住宅のひとつであったならば，それ以上は望む由もなかった。ベッカードは，ブロイヤー事務所の住宅プロジェクトのすべてを任せられていたのだ。ブロイヤーのアソシエートたちは，後になってブロイヤーのパートナーになっていったが，それぞれに立派な強さと素晴らしい才能をもっていた。しかし，私がいつも感じていたのは，ベッカードの好み，建築の傾向，能力が最もブロイヤーに近かったこと，また，そのことは住宅スケールの作品において最も顕著だったということであった。ブロイヤーとベッカードの共同設計による住宅と，その後ベッカードが単独で設計した住宅の双方，この書物のなかで改めて眺めた時に，その感覚を再確認できると思う。いずれにせよ，私が知る限りの他の出版物と比べても，この書物はモダン建築最盛期の考え方をうまく表して，注目すべき業績を記録したものとなっている。

また，この書物のなかでも1930年代終わりから1940年代にかけての作品では，ブロイヤーがアメリカに移住し，新しい土地での建設手法を体得して，独特かつ力強い作品を創り出していく様子がわかる。ヨーロッパのモダニズムの厳格な形態や，個性のない滑らかな表面は旧世界に残され，新世界では，耐久性があり，保守のいらない自然材料を，上品かつ控えめに，きわめて機能的に構成，配置したものが中心を占めていた。特に注目すべきは，木のフレーム，木のサイディング，そしてフィールド・ストー

ンを使ったことであった。これらは，現代のドレスをまとった伝統的住宅ではなかった。新しい生活様式を生かすよう思慮深く計画された，まったく新しい住宅であった。ブロイヤーは，こうして現代アメリカ住宅のひとつの代表例を生み出したわけだが，それ以前に存在したどの住宅よりもはるかに現代的で，はるかにアメリカ的な手法を用いていた。

　形態や手法を機械的に繰り返すのではなく，クライアント，ニーズ，予算，敷地といった，各プロジェクトごとに異なる諸条件を，新しい相互関係を目指して再構築する。これは現代でも，そしていつの時代にでも通用する考え方であろう。ベッカードは再構築することに長け，まじめにコツコツと，しっかり時間をかけて調べ上げ，独創的な設計案を持ってくる。こうしてハーブ・ベッカードは，いまでも力強く，心を動かす住宅を作り続けているのだ。ブロイヤーは，それらの住宅と，そしてハーブ・ベッカードのことを今でも誇りに思っているであろう。

ベッカード邸　1964
Sketch by Stanley Abercrombie

著者あとがき　｜　デビッド・マセロ

誰よりもまず，私がこの書物を著すことが適切だと考えてくれたハーバート・ベッカードに感謝したい。私はしばしばハーブの仕事を中断させてしまった。そればかりでなく，私との打ち合わせのために，大切なテニスの試合（彼は単なるアマチュア以上であった）をキャンセルし，少なくとも延期してくれたのだ。これは普通の人にはしないことだと私は感じていた。また，私は，アーキテクチュラル・レコード編集長のスティーブン・クリメントに感謝している。彼は，最初にこのプロジェクトを私に薦めてくれた人で，執筆中たえず課題を与えてくれた。また，ハーブのパートナー，フランク・リッチランには，私が自由にオフィスに出入りし，そしてハーブと時間を過ごさせてくれたことに対し，感謝している。ハーブのオフィスのシニア・アソシエート，マージョリー・ホーグは，多数の写真を集め，そして，他のデータを突き止める手助けをしてくれた。エリー・ベッカード夫人は非常に有能な画家で，会った途端に親しみを感じさせる素敵な人である。私の文章に対する彼女のコメントは，重要なものであった。アレクザンダー・シュウェーダーは，プラット・インスティテュートの建築学科の有能な４年生。製図が得意で，この本に使われた平面図を描きなおしてくれた。ニューヨーク工科大学最終学年のゲーリー・ハンセンもまた，将来有望な建築家で，ハーブの事務所で建築模型を作っていたシャン・ペン・チェンとともに平面図を何枚か描いてくれた。ハーブの事務所でのアシスタント，ゲイル・ウォーリーとステファニー・クレーマーは，私とハーブの数限りない打ち合わせをなんとか調整して，辛抱強く対応してくれた。私の編集者，ジム・マースは，即座にこの本の企画を受け入れ，私に前に進めるようにと言ってくれた。彼の判断は，私の仕事の予定全体を大きく変えるものだった。W.W.ノートン社の編集責任者，ナンシー・パルムクイストは，最終編集の段階で非常に優れた仕事をしてくれた。アベニューマガジン社の社長ジュディス・プライスは，支持的かつ寛大で，私のかなり変則的な勤務時間を可能にしてくれた。私の兄弟ロバートは，いつもどおり，特に彼が読んだ多くの本を土台に，適切なアドバイスをしてくれた。彼の妻ローリーは，私と同じ文筆家で，大きなサポートと関心を示してくれた。もうひとりの兄弟スティーブと彼の妻メアリー・ジョンは，いつも熱心かつ興味をもっていてくれた。これは作家にとって必要なことであった。スーザン・オブレクトは，本当によい聞き役で，このプロジェクトにずっと関心をもちつづけ，そして，私ひとりではできなかったであろう，大胆さを与えてくれた。ミシガン大学のバート・ホーンバック教授は，私が建築についての文章作家としてやっていける，と自覚させてくれた。私の叔母ジョウと叔父ボブはいつも励ましてくれ，そして私と同じくらいに住宅に興味があった。私のすばらしい友人ドナ・ウィルキンソンには特別な謝意をあらわしたい。彼女はいつでも即座に，限りないサポートをしてくれた。そしてトニー・パウエルには，彼の揺らぐことがない忠誠と愛情に心から感謝したい。　　DM

考える
モダニストたち

瀧浦 浩

　数年前の秋のある日，ベッカード夫妻とともに，ニューヨーク・マンハッタンのイーストサイドにあるブロイヤー夫人のアパートを訪ねた。
　コニー・ブロイヤー。コネチカット州ニューカナンに現存するブロイヤーの自邸の，かの有名なカンチレバーのテラスで，大きなつばの白い帽子をかぶって，ブロイヤーとともにカメラに向かって振り返っていた，あのコニーである。
　レキシントン通りを東に折れてすぐのコニーのアパートは，まさにモダン・アートのギャラリーであった。ドアを開けるとそこにはホアン・ミロの天井から床にまで届くタペストリー，これはユネスコ本部の壁画ためのモックアップでもあった。天井の隅にはアレキサンダー・カルダーからもらったという木製の，塗装もされていない小さなモビール。この作品は，先頃のワシントンD.C.のナショナル・ギャラリーでのカルダー展に借り出されて，しばらくは淋しい思いをしました，とコニーは笑う。ニヴォラ，ノグチ，ムーアといったモダン・アートの巨匠の小さな作品があちらこちらにあって，美しい影を落としている。家具は，当然のようにブロイヤーのデザインによるもので，特別にあつらえたキャビネット類が年月を経てますます美しくなっている。
　ブロイヤーチェアに深く座って，マンハッタンの暮れゆくひとときを，夕食前のカクテルで楽しむ。さまざまなアーティストの作品について語るうちに，モダンとはどういうことか，という話になった。
　コニーは「モダンであるということは，謙虚で，控えめで，しかも上品であることです。モダニズムとは決して金持ちの道楽ではありません。いろいろな社会状況を超えてすべての人びとのための暮らし方を示す考え方だったのです」と語る。モダニズムを目撃し，モダニズムを生きてきた彼女から聞く一言は意味深いものであった。
　ブロイヤーの自邸，あるいはベッカードの自邸を初めて訪れた時，それらはそれまでモダニズム住宅に対して抱いていたものとは少し異なっていて，戸惑いを感じたほどであった。ブロイヤーという，建築界の巨匠の名前は嫌というほど聞いてきた。訪れた住宅は，プランや内観写真がすぐに脳裏に浮かんでくるほどの，あまりに良く知られた名作の数々である。しかし，その時まで私が抱いていたイメージは，完成直後にきれいに撮られたプレゼンテーション用の写真によるものであって，実際訪れた住宅には，当然のことながら人の暮らしがあった。しかもその生活は，つつましく，静かなものであった。モダニズムの，しかも一流作品に囲まれて眠りにつき，朝，目覚めて最初に見るものがまた，一流の芸術作品である。そういった一見贅沢に見える生活が，実は謙虚な姿勢に支えられていることは，非常に印象的なものであった。夕刻になって，部屋のなかが暗くなる。タイマーでセットされた外部の石壁用の照明に燈がともる。その瞬間，内部と外部を隔てていたガラスは一瞬にして見事に消え去り，リビングルーム

のエッジが一気に石壁まで伸びていって，空間が数倍広くなったような錯覚に陥った。

　こうしてブロイヤーのいくつかの住宅を実際に訪ねて，印象に残ったことがある。浴室の質素さと，クローゼットスペースの小ささである。人の生活に何が必要なのか？　私たちの現在の生活はあまりにも情報やものであふれ過ぎているのではないか？　技術が刻一刻と変化し，われわれが接する情報量は，たとえば1世紀前とは比べものにならない。しかしそれだからといって，われわれが日々を過ごす建築空間が豊かになったかといえば，それはどうだろうか？　人間のために，日々の暮らしのために，われわれ建築家はよい空間を作る責任をもっている。さらによい街並みや，よい都市生活といった，社会的な要素をよく考えなくてはならない。この社会のなかで，他の人びとと暮らすこと。そのためにはこの空間をどうするのか？　便利になるばかりがより良い生活とは限らない。何もかもが自動制御になってきた現在，基本に戻り，あえて不便さに時間を割く喜び。自分の手と頭を使って，うまくいかないことがあるかもしれないが，それもまた経験だ。これこそ生きることの豊かさである。

　建築の設計にはさまざまなアプローチがあり，設計者の考え方や姿勢もまさに千差万別である。そうしたなかで，ひとつひとつのプロジェクトに心を注ぎ，プロセスのなかで考えを深めていく建築家もいるのだ。"考える"という姿勢にベースをおく設計態度。モダニストはそれぞれの設計行為に明確な根拠を見出していた。しかし，ここで忘れてならないのは，ブロイヤーの住宅がたとえ"思考"から生まれたものであっても決して機械のような建築にはならず，最終的に人間のための空間を目指していたこと，さまざまな判断が人間の視点から行われていたことである。ブロイヤーはたえずそのようなバランスを探して設計をしていたのだ。20世紀初頭に生まれたモダニズムがもっている底力はそこから生まれてくるのだ。モダニズムが生まれて1世紀を超えた。今，ものを作る責任をもっているわれわれは，何を考え，何を信じ，未来に何を残していくのか。先人たちの努力に学び，人間とその生活を今一度見つめながら，これからの建築を，都市を，謙虚で，控えめで，しかも上品に創り出していこうではないか。

マルセル・ブロイヤー

マルセル・ブロイヤー
photo: Hans Namuth

1902 年　ハンガリーのペックス生まれ。
1924 年　ワイマールのバウハウスを卒業。
1925 年　デッサウのバウハウスに招かれ、家具デザイン部門のマイスターとして後進の指導にあたる。
1935 年　ロンドンに渡り、F.R.S.ヨークと協働で設計活動。
1937 年　ワルター・グロピウスに招かれて米国に移住、ハーバード大学の準教授を務めた。グロピウスとの共同設計を通して建築の実務展開。
1946 年　ニューヨークに移り、1976 年に引退するまで自らの設計事務所を主宰。
1981 年　ニューヨークで死去。米国建築家協会は、その偉業をたたえ、ゴールドメダルを授与。

米国に移住した当初、プロジェクトはすべて米国内にあった。代表的な住宅作品として、マサチューセッツ州リンカーンの自邸（1939 年）とウェイランドのチェンバーレイン山荘（1945 年）、ニューヨーク州ローレンスのゲラー邸（1945 年）、コネチカット州ニューカナンの 2 軒の自邸（1947 年、1951 年）、ミネソタ州ダルースのスターキー邸（1955 年）、そして、スイスのラゴ・マッジョーレのケルファー邸（1963 年-67 年）がある。

1952 年、構造家・ネルヴィとの協働によるパリのユネスコ本部を設計し、この名作を契機に活躍の場は一気に世界へと広がった。その他の大型作品として、ミネソタ州カレッジビル聖ジョン大修道院および大学校舎群（1953-61 年）、ミシガン州マスキーゴン聖フランシス・デ・サールス教会（1961-67 年）、ワシントン D.C.の都市住宅局本部（1963-68 年）、マサチューセッツ州アマーストのマサチューセッツ大学キャンパスセンター（1965-69 年）、ニューヨーク市のホイットニー美術館（1966 年）、ワシントン D.C.の米国保健教育福祉省ヒューバート・ハンフリー本部（1968 年）がある。

ブロイヤーの数ある作品は、設計の革新性、ディテールに対する配慮、そして表現の明瞭さといった点で、たえず際立つものであった。ブロイヤーは、機能主義建築家の最後の一人といわれ、それまでの「芸術と手工芸のバウハウス」という見方を改め、「芸術と工業のバウハウス」という見解を定着させた。今日、日常的に使われている、多くのスチールパイプを用いたモダン家具は、その起源をブロイヤーが 1920 年代半ばに行っていた実験にまでさかのぼることができるものである。（Y.T.）

ハーバート・ベッカード

1928 年　ドイツ移民の両親のもとに米国ニューヨーク市生まれ。
1943 年　米国海軍に所属（1946 年まで）。
1949 年　ペンシルバニア州立大学を卒業
1950 年　プリンストン大学の建築大学院に在籍。
1951 年　マルセル・ブロイヤーの事務所に参加。
1956 年　ブロイヤー事務所のアソシエート
1959 年　ブロイヤー事務所ベネズエラ・カラカス支所に駐在、ベネズエラ中央大学建築学科客員講師を兼務。
1964 年　ブロイヤーのパートナーとして 18 年間協働。
1982 年　ベッカード・リッチラン建築事務所を開設、設計活動展開中。

ベッカードは、ブロイヤーとともに数多くの注目に値するプロジェクトを設計した。ワシントン D.C.の米国都市住宅開発省本部と米国保健教育福祉省本部、マサチューセッツ州アマーストのマサチューセッツ大学キャンパス・センター、ミシガン州マスキーゴンの聖フランシス・デ・サールス教会、スイス、アスコナのケルファー邸等がある。特に最後にあげた 2 作品は、アメリカ建築家協会による全米栄誉作品賞を受賞。

さらに、サウスカロライナ州コロンビアでストローム・サーモンド連邦政府オフィスビルおよび裁判所、競技設計の 1 位となったペンシルバニア州ウエストポイントのマーク・シャープ・ドーム社本社、ノース・カロライナ州カバラスのフィリップ・モリス社製造施設群、そして、30 軒を超える個人住宅を設計している。

ベッカードは世界各地で仕事をしてきた。プロジェクトの所在地は、ベネズエラ、スイスから西アフリカにまで至るものであった。さらに現在の自らの設計事務所でも、ロシアやグアム島でのプロジェクトを設計している。

ベッカードは米国建築家協会の設計部門での名誉会員であり、70 件にも及ぶ受賞をしている。ペンシルバニア州立大学の卒業生会の名誉会員で、栄誉卒業生でもある。

また、米国デザイン学術院の会員に選ばれているが、これは 1825 年の創設以来、128 人の建築家のみが与えられた栄誉である。ベッカードは米国建築審査委員会会員であり、ニューヨーク州をはじめ十余の州の登録建築家である。

ベッカードは、エレノア・サブと結婚し、4 人の子供に恵まれ、現在、ニューヨーク州グレンコーブにある自らの設計による自邸に住んでいる。（Y.T.）

ハーバート・ベッカード
photo: Eleanor Beckhard

デビッド・マセロ（David Masello）
アメリカ，ニューヨーク市在住。数多くの出版物にエッセイ，特集記事，書評を提供する文筆家。ニューヨーク・タイムズ紙，サンフランシスコ・クロニクル紙，アート・ニュース誌，トラベル・ホリディ誌，トラベル＆レジャー誌，メトロポリタン・ホーム誌といった数多くの有名紙誌に寄稿。また，アート＆アンティーク・マガジン誌のニューヨーク特派員でもある。最新刊は，『公共の場所における芸術：素晴らしい絵画，彫刻，壁画，モザイク，そしてモービルを見ながらニューヨークを歩く』（City & Company 社）

瀧浦　浩（たきうら　ゆたか）
アメリカ，ニューヨーク市在住の建築家。日本の大学，米国の大学院を経て，ニューヨーク市でいくつかの建築事務所に勤務し，ハーバート・ベッカード氏に師事した。モダニズムをさまざまな視点から研究し，自らの作品をとおして，人間のための建築と街の新しい関係を提案している。

マルセル・ブロイヤーの住宅
───────────────────────────

発　行　2001年4月10日 ©

訳　者　　瀧浦　浩
発行者　　井田隆章
印刷所　　壮光舎印刷
製本所　　牧製本
発行所　　鹿島出版会
　　　　　107-8345　東京都港区赤坂六丁目5番13号
　　　　　電話 03(5561)2550　振替 00160-2-180883

無断転載を禁じます。
落丁・乱丁本はお取替えいたします。

ISBN 4-306-04416-5　C3052　　　　Printed in Japan

■鹿島出版会の好評図書

ル・コルビュジエ
理念と形態

ウィリアム・カーティス著　中村研一訳　B5・330頁　¥8,200

20世紀最大の建築家ル・コルビュジエの生涯を包括的にとらえた研究成果の集大成。彼の創作活動を歴史を変えた特異点として無条件に顕揚するのではなく，歴史のもつ大きな流れのなかに位置づける新しい試み。図版多数。

ル・コルビュジエの建築
その形態分析

ジェフリー・ベイカー著　小野節子訳　B5・366頁　¥6,500

近代建築の第一人者ル・コルビュジエの初期から晩年に至るまでの主だった作品をとりあげ，魅力的で詳細なイラストレーションにより洞察力に富んだ形態分析を展開している。見て読んで楽しい書の待望の日本語訳刊行！

ルイス・カーン建築論集

L．カーン著　前田忠直編訳　磯崎新序文　A5・258頁　¥3,600

「沈黙と光」という言葉に象徴される近代建築の巨匠ルイス・カーンの美しいディテールと崇高な空間の織りなす建築。それを産み出すフィロソフィを伝える10編のステイトメントをまとめたオリジナル・アンソロジー。

ルイス・カーン　光と空間

W．ビュッティカー著　富岡義人，熊谷逸子共訳　B5・192頁　¥4,200

カーンの建築にとって「光」は最大のテーマであった。「光」が彼の設計の上でどのようなプロセスで展開され，どのように作品形態に顕れているかを，彼の主要作品に則して豊富な写真とイラストでわかりやすく解説。

評伝　ミース・ファン・デル・ローエ

F．シュルツ著　澤村　明訳　B5・384頁　¥8,900

著者フランツ・シュルツは第一級の書を著した。……今後ミースに興味を持った人は，シュルツから始めなければならないだろう！　ミースの人生観・哲学を知るに最適の書。訳文は平易で通読に耐える名訳と言える労作。

フランク・ロイド・ライトと日本文化

K．ニュート著　大木順子訳　A5・264頁　¥3,800

ライトの建築作品の解釈に新たな光をあてると同時に，日本と西洋という，2つの文化が相互に作用しながら生まれ変わる不思議で魅力ある過程の，実証的かつ洞察力あふれる分析による建築論であり，比較文化論である。

知られざるフランク・ロイド・ライト

E．ターフェル著　谷川正己，谷川睦子共訳　B5・240頁　¥5,700

フランク・ロイド・ライトに永年師事した著者が，その貴重な体験をもとにさまざまなエピソードで，われわれの知らないライト像を活写。未公開の写真や図版も多く，ライト研究のための必読の資料と言えよう。

巨匠フランク・ロイド・ライト

D．ラーキン，B．ファイファー編　大木順子訳　B5変・240頁　¥3,200

コルビュジエ，ミースとならぶ近代建築の巨匠であり，アメリカン・スピリッツの象徴である建築家フランク・ロイド・ライトの全貌を美しいカラー写真と平易な解説で紹介。没後40年を経た今日でも新鮮な感動を呼び起こす。

価格は税抜きです。